U0808906

《岭南文化书系》编委会名单

主　任　林　雄

副主任　顾作义

主　编　饶芃子　蒋述卓

编　委　詹伯慧　林伦伦　林有能　刘启宇　倪　谦

黄　挺　李克和　左鹏军　宋俊华　谭元亨

吴永章　赖寄丹　韩中伟　徐义雄　史小军

岭南文化书系
广府文化丛书

行花街

谢中元　石了英　编著

暨南大学出版社
JINAN UNIVERSITY PRESS
中国·广州

图书在版编目（CIP）数据

行花街/谢中元，石了英编著. —广州：暨南大学出版社，2011.8
（岭南文化书系·广府文化丛书）
ISBN 978-7-81135-809-4

Ⅰ. ①行…　Ⅱ. ①谢…　②石…　Ⅲ. ①花卉—文化—广州市　Ⅳ. ①S68

中国版本图书馆 CIP 数据核字（2011）第 064673 号

出版发行：暨南大学出版社

出 版 人：徐义雄
责任编辑：黄　倩
责任校对：黄　颖

地　　址：中国广州暨南大学
电　　话：总编室（8620）85221601
　　　　　营销部（8620）85225284　85228291　85228292（邮购）
传　　真：（8620）85221583（办公室）　85223774（营销部）
邮　　编：510630
网　　址：http：//www.jnupress.com　http：//press.jnu.edu.cn

排　　版：广州市天河星辰文化发展部照排中心
印　　刷：深圳市新联美术印刷有限公司

开　　本：787mm×1092mm　1/16
印　　张：9.875
字　　数：154 千
版　　次：2011 年 8 月第 1 版
印　　次：2011 年 8 月第 1 次

定　　价：43.00 元

（本书所涉个别图片，如属个人版权，见书后请函告出版社，以便支付薄酬）

岭南文化书系·前言

五岭以南，素称岭南，岭南文化即岭南地区的人民千百年来形成的具有鲜明特色和绵长传统的地域文化，是中华文化的重要组成部分。由于偏处一隅，岭南文化在秦汉以前基本上处于自我发展的阶段，秦汉以后与中原文化的交流日益频繁。明清以至近代，域外文化不断传入，西学东渐，岭南已经成为传播和弘扬东西方文明的开路先锋，涌现出了如陈白沙、梁廷枏、黄遵宪、康有为、梁启超、孙中山等一大批时代的佼佼者。在20世纪70年代末开始的改革开放的浪潮中，岭南再一次成为试验田和桥头堡，在全国独领风骚。

在漫长的发展过程中，岭南文化形成了兼容、务实、开放、创新等诸多特征，为古老的中华文化的丰富和重构提供了多样态的个性元素和充沛的生命能量。就地域而言，岭南文化大体分为广东文化、桂系文化、海南文化三大板块，而以属于广东文化的广府文化、潮汕文化、客家文化为核心和主体。为了响应广东省委、省政府建设文化大省的号召，总结岭南文化的优良传统，促进岭南文化研究和传播的繁荣，在广东省委宣传部的指导和大力支持下，暨南大学出版社组织省内高等院校和科研机构的专家学者编写了这套《岭南文化书系》，该书系由《广府文化丛书》、《潮汕文化丛书》及《客家文化丛书》三大丛书共30种读本组成，历史胜迹、民居建筑、地方先贤、方言词曲、工艺美术、饮食风尚无所不有，试图从地域分类的角度完整展现岭南文化的风貌和精髓。在编写过程中，我们力图做到阐述对象的个性与共性相统一，学术性与通俗性相结合，图文并茂，雅俗共赏。我们希望这30种图书能够成为介绍和宣传岭南文化的名片，为岭南经济和文化建设的再次腾飞提供可资借鉴的精神资源。

需要说明的是，本书系曾获批为2009年度“广东省文化产业发展专项资金”资助项目，在项目申报和丛书编写过程中，广东省委宣传部的领导多次给予指导，并提出了许多宝贵的意见；中山大学、华南理工大学、华南师范大学、广州大学、韩山师范学院、佛山科学技术学院、韶关学院、嘉应学院以及暨南大学的有关领导和专家学者也给予了大力支持和帮助，在此我们一并致以诚挚的谢意！

《岭南文化书系》编委会

2011年6月18日

目　录

一、行过花街过大年

——广府年俗的别样风情

行花街（粤音 hang fa gai），又名“逛花市”，一般指除夕夜逛“迎春花市”。每年春节前十天左右，广州、佛山等广府地区都会选定市区内的繁华路段举办迎春花市，封路搭棚，设摊挂灯，在入口处搭好牌楼，在棚架上摆满鲜花，打造一条十里花街，供市民们走一走、挤一挤。行花街，多是从腊月二十八开始，持续三天，除夕夜达到高潮。城市万人空巷，家家老少相携，人们徜徉于花香瑞气当中，营造出“花海人潮十里长”的美好景象。行花街的人们个个面带笑意，手持鲜花和风车，人流与花海交织在一起，在南国大地上舞动游走，美妙而又绚丽，直到大年初一凌晨人们才慢慢散去。

2011 年广州越秀区的西湖路花市（谢中元摄）

“年卅晚，行花街，迎春花放满街排，朵朵红花鲜，朵朵黄花大，千朵万朵睇唔哂。阿妈笑，阿爸喜，人欢花靓乐开怀……”这首广为流传的儿童歌谣《行花街》形象地唱出了广府地区除夕夜行花街的盛况。人们在花街上尽情地感受着“行”的浪漫、“挤”的热闹，再顺便买回一些“好意头”的花卉来迎接新年、祈福纳瑞。经过一百多年

的积淀传承，“年卅晚行花街”，成为一个历久弥新的广府民俗。

（一）应春节而生的“行花街”

日出日落三百六，周而复始从头来。每年农历腊月的最后一晚，又称“除夕夜”，所谓“旧岁到此而除，明日另换新岁”。为了这个魂牵梦绕的团圆夜，走南闯北、漂泊异乡的人们无论在雪漫长天的北国，还是在香飘四季的海岛，不论生活是艰辛还是优裕，都要想方设法回到父母身边。全家聚在一起，叙家常，聊心曲，吃一顿丰盛的年夜饭。广府地区也十分重视过年，留下了很多既古老又年轻的年俗。

由于广府大地处于珠江三角洲，曾是中原人的避难之地，自秦汉以来的移民或避难于此的中原人带来了不少年俗，有的延传至今。这里地处南疆，远离中原内核文化的掣肘，又是商贸频繁的前沿阵地，最先受到了海外民俗的影响，因此广府年俗不可避免地表现出南北交会、中西撞击、古今兼容的风韵。旧时有《新春习俗歌》：“腊月廿三，晒被洗衣衫；腊月廿四，清洁房边地；腊月廿五，扫房掸尘土；腊月廿六，洗净禽畜屋；腊月廿七，里外洗归一；腊月廿八，家什擦一擦；腊月廿九，脏物都搬走；年卅晚，团年饭后去卖懒。”后又有人编了《广东年俗一路数》等歌谣，歌中唱道：“腊月二八洗邋遢，干干净净好过年。逛完花街采年货，二九这天欢畅过。除夕居家年夜饭，欢欢喜喜庆团圆。初一在家迎财神，压岁红包福满堂。回到娘家侍亲恩，初二一定要记牢。初三赤口免争吵，出门尽量少出口。初四呼朋齐唤友，居家旅行畅快游。初五初六去拜年，亲疏远近逐个访。初七人日人生日，美满祝福记心头。待到正月十五圆，元宵花灯乐翻天。”春节节庆一直延续到正月十五。

广府地区有许多特有的过年民俗值得一提，比如春节前夕“行花街”、年三十晚儿童“卖懒”、大年初七过“人日”，还有放“开门炮”、炸“煎堆”、卖“发财大蚬”（即“接财神”）、吃“无情鸡”、吃开年饭等。特别有意思的是“卖懒”习俗，曾在珠江三角洲一带非常流行，除夕夜，儿童们一手提灯笼，一手拿着染红的鸡蛋和数炷香，走出家门，沿街边走边唱：“卖懒卖懒，卖到年三十晚，人懒我唔懒。”一直唱到土地庙或某神庙，把香插到神像前的香炉上，然后走回家，将红鸡蛋分给长辈吃，此时长辈再赏以“压岁钱”。

然而，民俗是乡土社会的产物，随着城市化、现代化的进程有些民俗会逐渐淡化甚至消失。当人们的生存环境发生改变，过年习俗也会相应发生变迁。如今，“谢灶”民俗几乎已寿终正寝；城市里放鞭炮已被禁多年，“鞭炮声声辞旧岁”的喧嚣早已化作记忆中的一道音符；原始乡村的同宗家族在城市里几乎不可寻觅，迎神祭祖也没有场地；美食名点越来越多，而年糕与油角渐渐成为过年食品中的摆设；贴春联、贴门神渐被城里人所淡忘；除夕夜待在家里守岁被户外的活动和娱乐所代替；活泼可爱的孩童提着纸灯笼穿街走巷“卖懒”的热闹光景难以再现。很多年俗已式微甚至消亡，不免让人叹息。只有行花街，成了广府人过年保留的传统节目，也是目前最有影响力、最具广府特色的一个年俗。

行花街民俗经历了漫长的发展过程。唐宋时期，广府地区就出现了花卉买卖的市场。到了清代中晚期，岁暮年关将至时，买花过年为越来越多的人所喜爱，“年宵花”概念相应而生，指的是专门在春节前夕买卖的花卉。由于“年宵花”需求量很大，人们常把满足岁暮购花需求的花市称为“岁暮花市”。“岁暮花市”后来渐渐多了一些叫法，如“除夕花市”、“年宵花市”，定型于民国时期。20 世纪 20 年代，除夕花市的规模越办越大，花市开张时，一些民众穿上漂亮的衣裳，到沿街而设的花市上赏花、买花，感受春天的气息，迎接新年的来临，这就是所谓的“行花街”。新中国成立后，由政府搭台花农唱戏的迎春花市越办越兴旺，“岁暮花市”、“年宵花市”、“除夕花市”等叫法被统一为“迎春花市”，大规模举办的迎春花市也为人们“行花街”活动提供了物质条件。一年一年延续下来，行花街逐渐从一种人人参与的活动演变成为一种深入人心的民俗。

广州市越秀区迎春花市（卢欣供图）

“行花街”，其实就是以花为媒，借之守岁，以之迎春。喜庆的花市与热闹的春节携手，使“行花街”民俗在广府地区传承下来。春节使花市凝聚大众，香飘四邻；花市令春节活色生香，平添喜庆。春节与花市的结缘，让行花街、品花香、解花语成为一个年夜狂欢的盛典。离春节尚余十多天，蛰伏在春天边缘的寒气慢慢消散，人们凝滞的神经产生轻微的骚动，车水马龙的交通让位给了封路搭棚的花市，隐约间人们对新年有了些许期盼。待到除夕夜，夜色下的花市，灯火通明，但见花街入口处矗立着一座巨型牌楼，随着彩灯闪耀，变幻出各色光芒，花市中央，十里长街，花棚橘摊绵延不绝，上千种繁花色彩斑斓，缤纷似锦。家家户户几乎是倾巢而出，同行花街，人们置身于欢乐的花花世界中，赏花、品花、买花，在花街中徜徉漫游，享受着一年一度与群芳同在的美好时光。土生土长的广州人小王说：“幸好还有花街，让我们觉得年味依旧。”一些南来寻梦的新广东人，开始心甘情愿地留在广州过年，他们乐于走入潮涌般的滚滚人流中，尽情感受过年的气氛。

过年以其特有的乡土情结和亲情，形成了一种最为强大的精神向心力。应春节而生的“行花街”永远饱含着浓浓的亲情文化。花市人多嘈杂，那逛街的、赏花的、买花的、买年货的、凑热闹的、长枪短炮拍照的，俨然一幅当代版“清明上河图”，人多难免磕磕碰碰，但人们都彬彬有礼，格外谦让与宽容。年长老者、恩爱夫妻、甜蜜恋人、顽皮小童，逛花街时，都春风满面，笑意盈盈。在花市上，经常可以看到这些温馨的场景：年轻的一家三口，儿子坐在爸爸的肩膀上，妻子轻轻地挽着丈夫的臂，边走边看边挑选着；年迈的父母在儿女的陪伴下，看着热闹的场景，脸上露出慈爱的笑容；热恋中的情侣，手牵着手，相互依偎地走在鲜花丛中……近些年花市上也有身穿红马甲的义工，或是推着轮椅，或是搀扶着老人，陪伴他们逛花市，一些花商看到后，主动送上几枝花，这样的场景格外温暖人心，令人时时感受到人间美善的光辉。

花街，还承载着人们对新年的期盼和祝福。当夜幕低垂，华灯初上，满街男女手持鲜花，举着风车，衣香鬓影，笑语春风，把万紫千红带回家中，寓意一年花开富贵，大吉大利。有钱人家买上几盆成千上万元一盆的进口花卉也毫不吝惜，普通人家也捎带一盆金橘、几株水仙。他们买的不仅仅是花，更是希望。即便不买，看一看那琳琅满目的时花与金橘，这个年才算过得热闹丰富。在逛花市的时候，讨价还价是必不可少的，笑嘻嘻地你来我往，档主和买花客都非常讲究，专门挑选文明吉祥的用语来表达自己的意思，一来一往，笑谈中成就一桩桩生意，哪怕最后只买下一束价格便宜的“银柳”，花档的老板也乐呵呵地道谢，彼此都听到吉祥的祝福，乐意融融。十里花街，喧腾无比，深宵始散。

迎春花市上档主大声吆喝（谢中元摄）

余秋雨的《文化苦旅》中有一篇散文《五城记》，一语点明广州迎春花市之于春节的意义：“我想，内地的人们过春节，大多用红纸与鞭炮来装点，那里的春意和吉祥气，是人工铺设起来的。唯有广州，硬是让运花车运来一个季节，把实实在在的春天生命引进家门，因此庆祝得最为诚实、最为透彻。”不愧是文学家的妙笔生花，“让运花车运来一个季节，把实实在在的春天生命引进家门”，多么形象生动，字里行间饱含着作者对广府“行花街”民俗的赞赏之情。全国最浪漫的迎春方式，恐怕莫过于行花街了吧。像北京人逛厂甸庙会、上海人逛城隍庙、苏州人逛玄妙观一样，广府人注重逛花街的过程，并坚持认为：除夕之夜没行过花街，这年就过得不完整。行花街也自然而然地成为独一无二的过年民俗，诸如“北有哈尔滨的冰灯，南有广州的迎春花市”、“北有庙会，南有花市”、“北有庙街，南有花街”，说的就是这个特色。

不过，很多北方人对花市还是既惊讶又不解。1983 年，中央电视台推出春节联欢晚会后，北方人由于室外严寒酷冻，除夕夜多半是全家围坐在暖暖的炉火旁看“春晚”，以至 2008 年“春晚”在北方的收视率最高达到 85% 以上。至今北方一带还流行着“不看‘春晚’不算过年”的说法。而在四季如春的广东，“春晚”收视率全国最低，仅为 4.59%，东莞加上外来人口多返乡者多的原因更低至 0.1%，除夕夜广府人大多在花街上守岁。有人因此认为中国出现了“一道以长江

为界的文化鸿沟"，其实这是民俗惯性力量所形成的地域差异，并非人为制造的所谓文化冲突。算一算，民国时期就已形成的除夕花市比"春晚"整整早了60多年，当行花街与看春晚在时间上不能兼顾时，代代相承的广府人多半选择行花街来守岁，也是很正常的。

（二）"挤"出来的喜庆与狂欢

传统花市，多属占道经营。在商业旺地，人们自摆自卖，用鲜花铺成一条街，顾名思义——花街。新中国成立之后，广府各地的花市多在马路上举办。以广州为例，历史最悠久的越秀区花市，设于教育路及西湖路，两条路十字相交，东西南北四个出入口各建一座牌楼，主牌楼设在教育路北端，正对着最繁华的中山五路。

长长的花街常常要吞吐数百万人的人流量，所以"行花街"最大的一个感受就是"挤"，这不是最近几年才有的盛况，新中国刚成立后的迎春花市，也是人山人海，热闹非凡。广东省委原秘书长关相生写有一篇《陪同朱德、陶铸看广州花市》的回忆文章："1951年12月，陶铸调广东任华南分局第四书记，我随他来到广东。除夕夜，陶铸要看花市，我和警卫员两人陪同，来到当时设在长堤路北一带的花市（双门底花市）。我是陕西人，家乡习惯除夕待在家里的火炉旁边，听着外边的鞭炮以祝贺新年。当来到人山人海的花市，见到两旁万紫千红的鲜花，真感到似乎到了天堂一般，喜悦心情难以言表。到了一个卖盆景竹子的摊档前，陶铸同志选了一小盘长方形的盆竹，价格也不贵，由警卫员小王扛着，穿行在花市的人海中。旁边不少人以惊奇的目光望着，有的说：'到花市不买花，买盆竹子干什么？'费了九牛二虎之力，我们才从人群中挤出来回到家里。"人们行花街的激情，在那时迸发得如此热烈。

散文家秦牧1978年写过一篇《花街十里一城春》，他在文中用诗歌描绘了当时的盛况："花街十里一城春，笑语喧声入彩门，疑是层峦采蜜使，幻成百万看花人。"把行花街的人们形容成采蜜的蜜蜂，生动至极！三十年以后，行花街的人数何止百万，2010年广州迎春花市的三天内，行花街的总人数达到379万人次，街头巷尾的人们洋溢着狂欢的热情。

不过若想在花街上从容地欣赏花木盆栽，最好在年二十八来，最好选择白天，那时鲜花人面相映红、香氲弥漫熏人醉，人们还能悠然地赏花、买花。过了年二十九，特别是到了除夕夜，行花街的人们从四面八方涌过来，一拨挨一拨，一浪接一浪，人根本无法用脚走路，只能被人群推着慢慢向前。一个逛过了越秀区西湖路花市的游客在博客中写道：“人流高峰时你若能顺利走近你感兴趣的花档已经是很了不起了。如果你还能砍价再顺利付钱，那简直是可遇不可求的。如果你还能顺利接过档主找的钱，那你赶快去买彩票，今年保准走大运！”这就是迎春花市摩肩接踵、熙来攘往的真实盛况。

1978 **年广州的除夕花市**（广州市档案局供图）

广州还有句歇后语“大姑娘行花街——顾得上顾不得下”，说的就是行花街“人贴人”的拥堵情景。2009 年 1 月 15 日的《南方日报》上登有一篇《花市人如豆》的文章，写的是一个外地女孩留广州过年逛花市所看到、所想到的，尤其生动有趣：

> 去年留守，广州女孩敏华陪我逛了一趟滨江西的花市。还没进花市就被吓到了，见过人多，但没见过这么多呀。我甚至怀疑整个海珠区的人都涌到这里来了，长长的人龙，简直可以用“逶迤绵延”来形容。敏华随口吟了句“花市人如豆”。好不容易到了花市门口，“这颗豆”竟一定要在门口留张影，说她从小到大每年都有一张在花市门口的照片。我笑她傻，却又莫名地羡慕。（林文静/文）

好一个“花市人如豆”！在如此高密度的人群中，单个人瞬间变得渺小起来。文章率意写来，真实地道出了广州花市人如潮涌之况。人群拥挤，大人不时提醒小孩：“唔好走散！睇住！跟实！”有幸买花的人，有的托在肩上，有的把花高高举起，顺着人潮缓缓而行。

行花街，不仅人挤人，也是花挤花。放眼望去，满目芳菲，橙红、鹅黄、淡紫、莹白、嫣红，赤橙黄绿青蓝紫，全都娇艳欲滴。杜鹃、蝴蝶兰、非洲菊、甘蓝、海棠，不胜枚举，远远超出了人们的想象。这里是鲜花的海洋、色彩的圣地，“姹紫嫣红”、“百花争艳”，这样的语词根本不足以表达心中的慨叹。圣诞红燃起“火焰”，粉桃花荡出“霞光”，白水仙连成“月色”，一朵朵摇曳生姿，一簇簇迎风招展，仿佛在低吟浅唱“春天来了”，真可谓是“五彩鲜花满场春”。此时此刻，此情此景，让人花了眼，更让人“花了心”，恨不得把这满街的春色捧回家。

2009 年 1 月 25 日晚，人贴人的禅城区文华路花市（周春摄）

也许外地人会对“行花街”的“挤”颇为不解，但是广州人对“挤”却有着他们独特的感知。花是寓意吉祥之物，广府人讲究好意头，过年“行花街”往往被市民当作来年转运的好征兆，正如广州本土歌手东山少爷所唱的《行花街》：“行花街咯喂，你今年梗上位；行花街咯喂，你今年冇闭翳；行花街咯喂，你科科考最威；行花街咯喂，你开心足一世；行花街咯喂，娶得一美妻；行花街咯喂，你先生变新贵；行花街咯喂，今年生番个仔！”行花街的人们无不像歌里唱的那样心怀美愿，期待好梦成真。

卖花的、买花的、赏花的、拍花的，在花海中流动，整个花市热气腾腾，人们不以挤为苦，反以挤为乐，脸上挂满笑意和喜悦，互道新年进步，互祝恭喜发财，节日的祥瑞和欢笑让人欢心和憧憬。人们相信“行花街转大运”，挤一点才显得热闹，热闹一点才显得有人气、有旺气、有年气、有喜气。挤一挤，挤掉旧岁的晦气，沾点花香瑞气，企盼来年风调雨顺、幸福平安。一位老广州人说：“越是艰难的时候越想讨个好意头，去‘行（挤）花街’转运最有效。”另一位年年逛西湖路花市的老广州人感叹道：“虽然这里每年都是‘人挤人’，有时在里面根本就走不动，一家人来逛肯定也都会走散，但作为春节必备的节目，就算在花市里没买到花，可大家还是逛得很开心。”这正是广府人以花为媒、祈福纳瑞心理的最佳体现。

大年三十除夕夜，是人群最拥挤的一夜，不管多挤，行花街的盛况年年如此，热情毫不消退。这一夜也是花价疯狂下跌的一夜，档主们为了赶在新年前把花卖完，索性站在高高的摊档上，嘶声竭力地吆喝：“买盆靓花返屋企过年喽……”，“剑兰十蚊三枝，过黎睇睇啊！”此时人们买花必定狠狠地砍价，档主们也颇爽快。等到午夜零时，人们就开始“抢花”了。所谓“抢花”不是不给钱真抢，而是用极少的钱就可以从花农手里买到一大把花。花农也是喜气洋洋，笑逐颜开，满口“花开富贵”、“恭喜发财”的祝词。一株年二十八开价 18 元的水仙花，有可能降至三四元成交，有的档主甚至喊出了菊花每盆 1 元的超低价。一时间，讨价还价声此起彼伏，夹杂着小孩的欢闹声、人们的祝福声、高音喇叭里轻快的广东音乐、交通警察维持秩序的哨子声，汇成了洋溢着世俗风情的大合奏。最后，人人心怀满足，手持一把春光撤退。凌晨一两点的时候，花农开始收档，工人们迅速地拆除棚架，还路于民。

（三）“行”：一种情感的仪式

行花街如此拥挤，加上有时交通不便，搬运花木盆栽不大轻松，很多人并不在迎春花市上买花，花市上逛的人要多于买花的人。一般家庭会到民间自发组织的花卉集市转一转，将过节所需的年宵花木准备妥当。

街边的盆橘摊档（崔景印摄）

在广州和佛山，热热闹闹的大型迎春花市尚未开张，各种大大小小的盆橘档、花档、年货档就已经以星火燎原之势，迅速遍及各主要社区、街道、公园甚至菜场附近。这些民间的花

市灵活自由，开张很早，规模也大小不一，多出售年橘、盆橘、兰花、菊花等大众喜爱的盆栽花木，有的也摆卖一些平价的兰花、水仙以及工艺品，高档花卉较少。它们由花农自发组织，被称为地摊式花档，不搭棚架，没有牌楼灯饰，不会出现管制封路的情况，前来买花的市民或开车或步行，络绎不绝，一派喧闹景象。

民间花市隐藏于大街小巷，多靠近居民的住宅区，花的价格又比大型花市低廉，附近的市民百姓趁着茶余饭后或逛街买菜的片刻，就能顺便买好搬运回家，满足应节所需。除了固定的花摊档，流动的花档也不时穿行于街巷，一些花贩把自行车或三轮车后座改装成简易的花架，上面放上了五颜六色的应节花卉，其中不乏蝴蝶兰、大花蕙兰这样的中高档鲜花，这为不想挤迎春花市的市民提供了便利。民间花市时间持续较长，人们不必挤在除夕夜购买年宵花。行花街，多半是一个“逛”和“欣赏”的过程。所以一般听到广府人呼朋唤友：“去行花街啰!”很少听到有人说：“去行花街买花啰!”

行花街和叹早茶，有异曲同工之妙。叹早茶是流行于广府地区的一个习俗，茶客到茶楼，点上一盅两件，边喝茶边聊天，在一种轻松随意的状态中交朋友、谈生意，十分休闲洒脱。很多人独自一人上茶楼，凭着一盅两件就可以闲坐一个大清早，不为别的，只为享受那份闲适自在的情趣。行花街又何尝不是如此，买花是次要的，甩开双手，边挤边看，充分体验喧嚣热闹的喜庆气氛，才是主要目的。这份闲适平和，从广府人的骨子深处荡漾开来。历史上岭南偏安于一隅，少逢战乱，商业发达，生活富庶，广府人性格悠闲平和，自然低调，懂得享受。早上或傍晚，经常可以看到从菜场归来的老婆婆，一手拎着绿绿的白菜、生菜、空心菜、西洋菜，一手抱着满满的姜花、菊花、百合、玫瑰，令人不得不惊叹：老阿妈如此懂得“诗意地栖居”。

行花街，享受的是彻底放松、浪漫闲适，重在一个“行”字。把这个字拆开解读，可以发现更为细腻的文化密码。“行”的本义指小步慢走。“行”字可拆为“彳”和“亍”两个独立的汉字（拼音 chì和 chù)，据《说文解字》：两字都指小步而行。合在一起，形容小步慢走或时走时停的状态。这多么契合人在花街中的真实情况，人们不用争先恐后地赶时间，也无法快马加鞭地向前冲，而是乐意让时间更慢一些，边挤边开心，且走且驻足。徜徉于花街，不去思量也不用思

量，被人流裹挟着，任花香扑鼻。花街，反正是一眼望不到头的。借此机会，正好放下尘俗之念，缓缓前行，人花合一，身心俱新。俯仰瞻顾之间，吐出一年的晦浊之气，企盼来春的花好月圆。这种感觉，谁也无法代替自己去体验。散文家秦牧30年前逛迎春花市时提到有一种“青春作赋”的感觉，仿佛心灵被一根羽毛撩拨着，十分舒畅，又好像喝了一杯香甜的醇酒，感到微醺。行花街，要的就是这种味道。

“行”还寓意多人一起慢走。从字面看，行字左边双人旁，右边为“亍”（意指小步慢行），也就是说两人或两人以上才称得上“行”。一人赴花市，独自不成欢，行花街注定是大家的节日。广府人用“行”来践履这个古老而现代的民俗，他们匆匆地扔下团年饭的饭碗，携亲带友，涌入花街，实在是精彩动人的一幕。扶老携幼者有之，三五成群者有之，呼朋引伴者有之。多少广府人一“行”便行完了整个生命历程：孩提时代，穿上新衣新鞋，随父母一起行花街，在熙熙攘攘的人流中辞旧迎新，甚至可以神气地坐在父亲的肩头，把各种有趣的玩意尽收眼底，那是一个孩子最兴奋的时刻；中学时期，眼里花市妖娆，与同学结伴同行享受没有考试压力的欢畅痛快。等谈了恋爱，触目皆春，便和心上人十指相扣、甜蜜而行；时光荏苒，再往后，又回复到当年父辈那样，携着双亲，让孩子骑在脖子上开心慢行。花街见证了很多人一生的成长轨迹和情感经历。

一个“行”字，折射出广府人积极乐观、平和滋润的心态。在高楼大厦囚禁心灵的时代，“快”成为城市的价值观，在快节奏、高负荷的生活运转中，人人马不停蹄，向前追赶，唯恐被五光十色的社会边缘化，心中充满了现代化的焦虑。被工作捆绑是家常便饭，形形色色的压力让人喘不过气来，忙了一年，或小有所成，或盆满钵满，而身心已是疲惫不堪。人们似乎停不下匆匆的脚步，只顾急急赶路。文学大师米兰·昆德拉曾忧心忡忡地问道：“慢的乐趣怎么失传了？古时候闲荡的人到哪儿去啦？”（《慢》）“慢”的乐趣，不用刻意去挖掘，就在十里花街深处，就在行的状态当中。

与粤人的清明踏青扫祭、重阳登高远眺一脉相承，和佛山的“正月十六行通济”一样，“行”被赋予“转运”的吉祥含义，是驱霉纳福的形式和手段。行一行花街，希冀带来好运气，不好的变好，好的更好。夫妻带着小孩游乐一番，祈求一家幸福；小情侣涌入花街，是个升温感情的好机会；单身的光棍们行行花街，希望来年能找到伴侣。老辈人匆匆地在花市“转个运”，就急着回家蒸发财糕，准备新年利是；年轻人则非逛到新旧交替那一刻才依依不舍地离去，期待来年事业有成。在花丛中徜徉的人是幸福满溢的，是喜气洋洋的。花市上，买了花的人们把花树举在头顶，把盆花托在肩上，没买花的人则把手拿七彩气球的小孩高高举起，或者举着五彩的工艺风筝或其他“新玩意”。其中最受欢迎的就是风车，人们行花街通常都会买一个风车回家，寓意在新的一年“转转运”。行花街，在老广州人眼里又叫“行大运”。

来自河南的一家四代人在一起逛 2011 年佛山禅城花市，年老的许婆婆已 82 岁高龄（周春摄）

花街是敞开的，没有任何准入门槛。鲜花入档，喜迎八方来客；华灯初上，笑纳四海宾朋。一些北方人甚至不远千里慕名而来，只求行一行花街，一睹迎春花市的盛况。外国朋友也纷纷加入“行花街”的行列，陶醉于绚丽之极的岭南情调中。2004 年，17 名德国客人来到西湖路逛花市，面对花海人潮连呼：“花市太浪漫了！”2008 年，因大雪封路，越秀区 5 万名外来工中有九成留在广州过节，一些人专门到越秀西湖花市感受广式年俗的热闹场面。绵绵不断的除夕花潮，呈现出的是人们对美好生活的孜孜追求。

一年之计在于春，行花街维系着广府人的过年情结，是人们迎春接福、企盼好运的情感仪式，纵有严寒冷冻，也风雨无阻。即使在日军侵入广州那样的乱世，广州人还是买花不歇，似乎越在乱世越要买束花祈求平安。“文革”时期，花市一度停办，但仍然挡不住人们买卖年花的热情。

（四）以“花”为主的文化集市

迎春花市的形成之初，本是一个买卖花卉的市场，20 世纪七八十年代，入市的花卉有200多个品种。随着栽培技术的提高，物流体系的完善，花卉的品种越来越多。广府地区迎春花市上几乎年年推陈出新，各种奇花异卉赶赴这里，展露芳容，“乱”花渐欲迷人眼，品种多达千种以上。像娇俏动人的吊钟花、雍容华贵的牡丹、瑰丽脱俗的海棠、婀娜多姿的郁金香、灿若彩霞的杜鹃花、繁星点点的富贵菊、雅致怡人的百合花、翩翩似蝶的蝴蝶兰、名贵清新的大花蕙兰，还有那些名字好听、形状奇异的花种，如“宝莲灯”、“红运当头”、“步步高升”、“五代同堂”等，无不使人浮想联翩，心生期盼。花市上，名贵花种高达上万元，普通年花有的只需几十元甚至几元，富贵人家与平民百姓，各取所需，奢俭由人，虽然所买花的价位不同，但享受的心情都是一样的。买枝（盆）靓花，装点喜庆，祈愿吉祥。

新品种的开发和洋品种的引进，使花的数量飞速增长。新的花卉品种总是能受到人们的欢迎，并很快成为经典品种。如1980年，广州花市首次出现荷兰的郁金香、比利时的杜鹃等洋花；1984年，法国剑兰首次出现在越秀区中心花市。1986年之前，花市里主要是菊花、桃花、橘子等国产的花卉品种，连兰花都很少见。1986年，石竹、四季海棠、洋彩雀、红百合、日本紫罗兰、黄仔菊、羽衣甘蓝、爱丽丝、英国菊花、一串红、法国万寿菊、荷兰万年青、蝴蝶兰等，均首次出现在花市。1995年台湾蝴蝶兰引进后，很快成为花市新宠。21世纪初，各种造型精美、色彩艳丽的洋花惹人注目。如2002年的澳洲“帝王花”、“地涌金莲”；2005年出现了荷兰“绿西施”、“乒乓菊”；2007年出现了菲律宾“宝莲灯”、荷兰大号猪笼草、“火鸟V31”蝴蝶兰等新奇品种纷纷涌进南国花市。2006年的广州花市，光新品种就约占20%，大抢传统花卉的风头。

但进口花卉成本太高，其昂贵的身价令许多爱花的市民不免望“花”却步。顺德、芳村、黄埔等地的花卉生产单位及花农花费了大量精力，对国外花卉品种进行改良，利用高科技精心栽培出与真品相差无几的克隆版“洋花”，如蝴蝶兰、红掌、大花蕙兰、西洋杜鹃、跳舞兰等洋品种，国产改良后的品质与进口的“洋花”几乎没有什么差异，价格却有天壤之别。如2 000多元的大花蕙兰，国产的只需要500多元。这些国产洋花品种物美价廉，更加受到市民的欢迎。再加上广府地区气候温和，花农积累了一套人工控制开花期的方法，使得

夏季的鸡冠花、百日草、豌莲和秋菊可以同时在春节一展芳颜。真可谓，春夏秋冬四季鲜花荟萃一处，五湖四海奇花异卉聚集一堂。

“行花街”的人们还有一项乐趣，就是听花农花商侃一侃他们引进新品种的“故事”，既赏了花，又收获了知识。伴随着人们对“花市上最美年宵花是什么”的追问，1985 年广州市迎春花市开展了靓花评选活动。靓花评选活动的评选规则是这样的：先以区为单位，推选出当日摆设上市的花果最优名单，然后由市组织园艺专家、广东园林学会、老花工及有关领导组成的评选小组根据推荐名单，到现场评议审定，分别评出一至三等奖。评选标准是：开花及时（包括果实成熟适期）、花果硕大、色彩鲜明、花果数量多、生长健壮无病虫害、品种新颖。1987 年之后，靓花评选由市统一评改为区评。靓花评选就好比现在的选美大赛，提出了对花的审美标准，也促进着花品不断创新升级。每年的花市上，一眼望不到尽头的花，姹紫嫣红，五彩斑斓，或绽放枝头，或娇羞含苞，花团锦簇，芬芳四溢，令人如痴如醉。凡是人们见过、想到的，迎春花市上应有尽有。

迎春花市以花为主，历来不全是卖花的，也卖其他的年货以及生活用品等。民国花市上已陆续出现陶瓷、玩具、纸花、酸枝家具、书籍报刊、古董字画等年宵用品。这个传统一直保留至今。如今，各地不仅继承甚至发扬光大了这个传统，在花市档位招租拍卖时会给花木以外的商品预留一定的摊位。所卖品种五花八门，凡是涉及吃、喝、穿、用、玩等生活需求的东西，都可在花市上觅到踪影。

花市上，工艺品摊位最为火暴和积聚人气，广佛各大花市纷纷辟出专区给予摆设，近年来在花市上所占比例也越来越大。这些摊档与花档设置不同，都是一个个相对独立的档位，档与档之间互相用隔板分开，摊前平台和三面隔板上摆挂货品。工艺品

花市上的年货档（谢中元摄）

中较为普遍的有年货、精品、百货。挥春摊位，卖的是春联、字画、年历、中国结、仿真花卉、风车、节日灯饰等最受市民追捧的年宵用品。占空间较大工艺品档位在花市上也随处可见，像盆景、石山、花盆、花瓶、杂架、玉器、陶瓷、漆器、玻璃器皿、茶具、古董、文房四宝等，吸引人们不时前来询价。其他像花灯、邮票、金鱼、手电筒、金银饰品、体育器材等，也给花市增添了热闹。花市上，吃的方面是绝不会少的，各种冬果、干果、熟食小吃、果汁饮品、棉花糖、冰糖葫芦等，琳琅满目，一应俱全。有的花市还专门开设了“小吃一条街”。

工艺品档利润空间较大，档位价格较高，竞标也比花档激烈。近年来年青一代对工艺品档情有独钟。工艺品档主大多不是传统的花农、花贩，而是有商业眼光的年轻人，其中不乏在校大学生、职校生和中学生。如近三年越秀区西湖路花市上工艺品档的“标王”都由年轻人夺得，2009 年，一名从事外贸生意的 80 后青年以 11 280 元夺标；2010 年两个 90 后“学生哥”出资 12 390 元，竞拍成新一届“标王”；2011 年纪录再次被刷新，六七个年轻人组成的小团队用 15 080 元夺得兔年花市的“标王”，这让很多人吃惊不已。年轻人对时尚的嗅觉灵敏，对市场潮流有自己的判断，他们给花市带来了时尚、创意和新鲜感，这些摊档人气非常火暴。

每年花市都有不少“学生哥”、“学生妹”到花市开店摆卖各种年轻人喜欢的潮流玩意：绒毛公仔、吹气塑料公仔、气球、美术品、儿童玩具、动漫产品，也有别致可爱的生肖饰品、迎风飞转的五彩风车，甚至还有刻着祝福文字的情侣“魔豆”，各式应节饰物，琳琅满目。学生档主不在乎赚多少钱，只想和三五好友一起提前体验生活，为以后的就业、创业积累一些实践经验。这样的理念多受家长支持，也得到媒体舆论的肯定，东莞一些镇街花市还专门设置了大学生体验档位。学生档主颇能突发奇思妙想，他们为了抢生意各出奇招，给各类销售品冠以颇具噱头的名称。有的穿着时尚服饰，打扮得古怪精灵，有的甚至把自己变成卡通人、外星人、超人或者海盗。他们三三两两，大胆地站在档位前，或走道中，喊着自编的口号、吆喝语。学生在花市开档，既能“练摊”，又可娱乐，所以每年都乐此不疲，他们给花市吹来了新潮之风，让花市变得靓丽、阳光。

三个男孩在花市上头戴夸张的假发，吆喝市民购买风车（周春摄）

中学生们在花市也摆起了摊位（周春摄）

迎春花市是当地贺年文化的组成部分，所以常常有节日花灯、曲艺表演、文化艺术等具有浓郁地方特色的游乐活动穿插其中。广州海珠区自1979年起就举办各种书画长廊展、各种迎春艺术作品展等。这些文化活动带给人心灵的熏陶，丝毫不亚于鲜花的扑鼻芳香。1984年，越秀画会在花市开设了一个别开生面的画廊，画家们即席挥毫，并欢迎有兴趣的观众参与作画，当时产生了一幅名为《清香四溢》的画，就出自十人手笔，其中有三位还是英国客人。这三位英国客人，添上几笔后，余兴未尽，最后购买了十几幅国画高兴而去。1992年，广州人民广播电台首次在越秀西湖花市设玻璃屋直播室，组织属相为猴的人向全体市民拜年，举行卡拉OK大赛、猜谜、猜花名等活动。天河区花市于2002年举办“美丽天河”摄影作品展览，2006年起固定的文艺演出已成为惯例。2005年，白云区花市安排了一组“千米灯海”，道路两边的树木都被千米长的彩灯连接起来，灯上张贴有各种各样的灯谜，游客们可以在行完花街后看到灯谜的答案，真正融游园活动与行花街于一体。2008年，佛山禅城区

禅城区文华路花市，禅城志愿者协会义卖点顾客购买踊跃（周春摄）

的中心花市首次搬到文华路，在花市旁边的文华公园内举办了丰富多彩的文娱活动与演出，有“花王、橘王”评选大赛、“火红春联耀禅城”春联挥毫、“粤剧悠扬谱新篇”文艺晚会、“谜山灯海春意浓”灯谜竞猜、“财神爷”大派新年小礼物等，各类活动使浓烈的节日气氛扑面而来。2009 年，越秀区西湖路花市将广东音乐小合奏、粤剧、魔术等搬上开幕式，还首次在花市中心的六角亭搭建表演台，由专人演奏市民熟悉的广东音乐、流行歌曲。花市上尤让人感动的是各类爱心档，志愿者们不顾严寒疲倦，卖力地筹集各种物品组织义卖，将所得款项捐赠给困难群体。

非物质文化遗产亮相花市，是近几年才有的现象。从 2003 年起，我国拨专项资金大力扶持民族民间文化，广东各地敏锐地捕捉到这一信号，兴起非物质文化遗产热。迎春花市人流大、人气旺，宣传效果自然很好，各地纷纷把富有特色的非物质文化遗产搬上这个绝佳平台。2003 年，广东民间工艺博物馆在天河花市租下 3 个黄金档位举办“广东民间工艺展演”活动，邀请广州彩瓷、篆刻和刺绣等民间传统工艺艺人现场表演，开创了博物馆走进传统花市的先河。2009 年，佛山市也应声而动，在禅城区文华路花市设立多个摊位，向大众现场展示佛山剪纸、木版年画、粤剧、陶瓷、“秋色”等“非遗”项目的制作或表演。2010 年，西湖路花市首次预留 11 个档位，设置特色展示区，举办的活动异彩纷呈，有广、佛、肇三地的民间艺人分别展示广州剪纸、石湾公仔、肇庆裹蒸粽等民间工艺，此外还有动漫协会的动漫展示、残联义卖、团委志愿者服务、书法表演等活动，堪称花市文化的“嘉年华”。2010 年，荔湾区花市专设非物质文化遗产展示区，市民可以饱览一批非物质文化遗产的风采，包括广东凉茶、广州玉雕、广州园林盆景、西关正骨、西关打铜等。除了实物展示外，现场还有

2011 年佛山中心花市上的木版年画档（谢中元摄）

图文并茂的展览，使市民对“非遗”项目的历史和现状有更透彻的了解。市民行花街，赏“非遗”项目，买纪念品，重温民俗文化，获得了知识与乐趣的双丰收。外地人多了解一些地方“非遗”项目，还能增强对广府文化的认同感。

所谓文化搭台，经济唱戏。各地政府少不了在热腾腾的新年气氛中大打旅游牌、商贸牌，借以开拓旅游市场，提升地方知名度。早在20世纪90年代初，花市上已经萌动着一股活跃的商业气息。1990年，宝洁公司在广州市越秀区教育路花市设置了大型电视墙宣传企业形象，“仙羊牌”、“大众汽车”等品牌标志也赫然出现在花市上。进入21世纪以后，花市上的商品广告、产品展销、旅游推介等商贸活动越来越多。2005年，广州市尝试开办“广州花市一日游”，驻穗领事馆官员、外国友人和珠江三角洲游客组团游览花市，以实现花市带动旅游、旅游促进花市的目标。2006年，越秀区西湖花市中心设置的“南湖国旅西部假期”商业广告，很是醒目。2007年的越秀西湖路花市再出大手笔，由广州轻工工贸集团公司在花市正中央设下3个档口，举办“2007年广州轻工名优产品迎春展销会”，400多种“广货”在这次展销中齐齐亮相，包括555牌电池、浪奇高富力牌洗涤用品、双鱼乒乓球器材、虎头牌电筒、鹰金钱罐头、红棉牌白砂糖、花城玻璃器皿、三角牌电饭锅、积士佳饼干、亚洲汽水、广式菠萝啤等，可谓花市中的集市，看点多多。2009年，白云区花市也不甘示弱，中国移动借着火暴的人气大搞推销、有奖猜谜活动，吸引了不少市民。

各地政府也纷纷在迎春花市上张贴标语，开设广播，举办展览、演出、咨询等活动，宣传党和政府的方针、政策和成果，也成为花市一景。2005年白云区花市上，棠景小学门前的一组“白云十景图”吸引了不少人的眼球，原来是用电脑喷画技术做成了80米长的“画廊”，并配上投影设备，以生动的影像来向游客展示白云区日新月异的变化。2006年至2008年，广州市天河区连续三年在花市上举办展览，宣传建设成就。2008年黄埔区花市里，搭起了长达50多米的宣传长廊，专设15个主题，利用文字、图片、数字、影像等各种形式宣传黄埔区各方面建设取得的成果，可谓用心良苦。2009年天河花市设置大屏幕，向逛花市的每一个人宣传2010年广州亚运会。最有意思的当属2007年荔湾区花市，计生部门在入口处向游客派发包装精美的特殊礼品——安全套，有人打开后又羞又笑。这些宣传内容严肃，但形式不拘一格，不失活泼新意，给传统的花市带来新的风味。

花市上的活动多而杂，引来一些不同的说法。有人称迎春花市是“传统庙会的广州版”，有媒体直接称之为“迎春庙会”，这种叫法也不无道理。但花市与庙会，作为一南一北的民俗代表，虽然都来自民间，都有集市交易和文化娱乐活动，都由大众参与，但两者还是存在着明显的差异。北方庙会上各种各样的表演占据极大的份额，商业气息很重，而南方迎春花市上，表演等活动只是辅助手段，并非主角。尤其是老城区的花市路窄人多，没有条件搞大型表演，主办部门一直禁止流动摊点、江湖艺人、街头杂耍进入花市，演艺活动统统放在外围区域。新城区花市虽然有了表演场地，但迎春花市的主角一定是“花”，这一点毋庸置疑，所以近年来在花市上非常火暴的工艺品摊档，一方面被鼓励，另一方面也被限制，为的是淡化商业味，回归“花”的主题、“花”的主体。

花市是广府民众的迎春庆典，宛如一座文化大观园，包罗了花文化、节俗文化、市民文化、商业文化、表演文化等，带有庙会味自然不可避免。不管花市如何华丽蝶变，花永远是串联诸多文化的一根红线。年年花市，花盛如昔，千花万卉，本土的、外来的，叫得出名的、叫不出名的，汇集到一起，媲美斗艳，构成花的城市、花的节日、花的海洋、花的世界。准确来说，迎春花市是一个以花为主的文化集市。

二、粤人爱花有因缘

——广府花事的千年不息

春节前三天行花街，在寒冬腊月的北国几乎不可想象。淮河以北乃至中原地区，每临春节时分都是呵气成冰、寒风刺骨、大雪纷飞、银装素裹。而南方诸城却是长夏无冬，艳阳和煦、花繁树绿。即便偶有奇寒，也远远没有达到“冰冻三尺”的程度，根本不用困守家中。

这样的气候，这样的水土，培育了广府人与花的深厚缘分，这美丽而长久的缘分逾千年不断。漫步广府各城，街头巷尾、阳台窗下，无时无处不见流动的色彩、不闻飘荡的花香。从繁华的步行街到嘈杂的菜市场，从天桥下到车站旁，只要在人流密集处，总能看到群芳争艳的花摊，或是挑担吆喝的花贩。人们屋前屋后种花，厅堂房内摆花，开业志庆赠花篮，喜庆集会佩鲜花，探亲访友送束花，男女婚嫁坐花车，花在广府人的生活中无处不在。花，是广府人的生命之根、灵魂所系。

街头的花档时常可见（孙海庆摄）

粤人爱花，源于千年未歇的韬养，源于千年不断的花事，其中隐含了太多的故事和历史。细赏一路花影绰绰，静听满街花语呢喃，读懂了这些，行花街——这个除夕夜人与花的“倾城之恋”，才不再难以解读。

（一）岁月有痕花弄影

要细数广府花缘，首先得从这里的天时地利和广府人种花、爱花、赏花的历史说起。以广佛地区为中心的珠江三角洲，北靠五岭，南濒海洋，属亚热带海洋性季风气候，典型的夏少酷热，冬无严寒，四季如春。加上雨水充沛，湿度均匀，光照充足，土壤肥沃，是各类花木生长的天然“温床”。在广府土地上，一掬水、一捧土就能养活一枝花、一丛草。花谢花开无日了，春来春去不相关，草木常绿、花卉常开便成为这里的独特风景。

南越千年事，广府花韵长，尤以广州最为典型。广州素有“花城”之誉，这一美名源自1962年文学大师秦牧行花街后所写的散文《花城》。秦牧的生花妙笔饱含惊讶和赞叹：“看着繁花锦绣，赏着姹紫嫣红，想起一日之间广州忽然变成了一座‘花城’……”从此，“花城”之名不胫而走，其实“花城”得名之前，广州种花为生、贩花为业的传统，赏花成风、用花为俗的典故，簪花为美、爱花成性的传奇，自秦汉开始就一直绵延至今了。这里的草香花韵故事，百代罕有匹敌。

公元前214年，秦始皇统一岭南，设南海郡，南海尉任嚣看中了白云山与珠江之间这块负山带海的风水宝地，在此首建番禺城。秦末，在一片农民起义的情势下，入越秦军将领赵佗按照任嚣“秦为无道，天下苦之……番禺负山险阻，南北东西数千里……可以立国”的临终嘱咐，封关，绝道，筑起了三道防线，聚兵自卫，并于公元前204年，割据岭南，正式建立南越国，定都番禺（今广州）。赵佗建立南越国后，就仿照中原的秦汉王朝在番禺都城大建宫苑。1997年，广州的考古工作者在越秀区的古城隍庙附近发现了目前我国最早和保存最完整的王宫园林——南越国宫署

汉大夫陆贾出使南越（广州市越秀区档案局供图）

御花苑遗址，并在原市文化局大院地下发现一条长约150米的曲流石渠，属南越国宫苑的园林水景遗迹。石渠中有果核和树叶，证明御花苑曾种植花木，穿越这些历史遗留物，我们似乎可以想象当时的御花苑处处小桥流水，花果飘香，草木蓊郁，鱼翔浅底，一派闲情雅致的岭南山水园林风光。

汉高祖刘邦在北方建立汉朝后，处事机变的辩士陆贾曾两次受命出使南越，并最终说服赵佗归附汉朝。后人誉其为“开越大夫”，把他在西村驻节地称为“陆贾城”。陆贾行走南粤，耳濡目染之际，把在南越的见闻记成《南越行纪》一书，其中专门描述了当时流行于南越之地的耶悉茗花与茉莉花，并记越人曾“以彩丝穿花心以为首饰”，可见当时插花、戴花的现象十分普遍。南越人“彩缕穿花”的习俗同样被明末清初的屈大均的《广东新语》记录在案。这说明，粤人很早就产生了“以花为美”的自觉意识。

南越花香，很快名达中原，引起了朝廷的注意。广府花木进京的最早记载见于西汉古籍《三辅黄图》，汉武帝在元鼎六年（公元前111年）平定南越后在上林苑建“扶荔宫”专门种植岭南的奇花异草，今遗址在陕西韩城县，“以植所得奇草异木：菖蒲百本，山姜十本，甘蔗十二本，留求子十本，桂百本，蜜香、指甲花百本，龙眼、荔枝、槟榔、橄榄、千岁子、柑橘皆百余本”。由此可见，那时广州的花木品种十分丰富，种花、养花的历史由来已久。

广府大地上的花繁木茂、芬芳袭人，积淀了一系列有关花的知识、传闻和风俗。晋惠帝永兴元年（304年），广州刺史嵇含“目睹南越、交趾植物珍奇”，感觉有必要向“中州之人”详细描绘和介绍，于是写成中国第一部植物学专著《南方草木状》。此书用简洁典雅的文笔，分草、木、果、竹四类介绍了两广一带植物约80种，不仅记下各种植物的形状、习性、效用，亦记载了相关的传闻和风俗，所记花类有耶悉茗、茉莉、豆蔻花、山姜花、鹤草、水莲、水蕉、菖蒲、留求子、赪桐、水葱、蕙、桂、朱槿、指甲花等，堪称一部“岭南群芳谱”。嵇含对岭南花业盛况描述甚细，谓此地“凡草木之华者，在春华者冬秀，夏华者春秀，秋华者夏秀，冬华者秋秀。其华竟岁，故妇女之首，四时未尝无华也”。“华”通“花”，岭南一年四季鲜花绽放，女人们常年都喜爱以花作为首饰。宋以后的花谱、地志援引《南方草木状》

者非常多，李时珍的名著《本草纲目》描述南方植物时，亦多以之为注释依据，可见其影响之大。

南北朝时期，诗人江总在“侯景之乱”后避难会稽，后转到广州，面对艳丽的岭南花海感慨万千，留下“朝霞映日殊未研，珊瑚照水定非鲜。千叶芙蓉讵相似，百枝灯花复羞然”的绮丽诗句，引人怀想。

早期广府花木之多、之盛，还可以从“异物志”之类的典籍依稀见出。“异物志”出现在汉至唐间，主要记载当时周边地区及国家的物产风俗，如自然环境、资源物产、社会生产、历史传说、风俗文化等。岭南首府广州，秦汉时就是海上丝绸之路的起点，海外贸易一直非常发达，曾开辟多条海外航线，多有“胡国”、“佛国”、“西域”的奇花异卉随着贸易往来漂洋过海，扎根广府地区，如堪称南花魁首的素馨花，本名“耶悉茗”，就原产于印度；遍植岭南的茉莉花亦原产于印度、阿拉伯的波斯湾一带。嵇含《南方草木状》载：“耶悉茗花、末利花，皆胡人自西国移植于南海。南人怜其芳香，竞植之。”这样，岭南花木也不免带上一些异域色彩，加之五岭之隔，中原人常以岭南为“蛮荒之地”，南国的亚热带植物多不被了解，故常被作为“异物”以载之。从汉至唐间至少有22种之多以“异物志”命名的著作出现，多冠以岭南的地域标志，如东汉年间广州人杨孚所撰的《异物志》、三国吴万震撰《南州异物志》、唐孟琯撰的《岭南异物志》、唐房千里撰《南方异物志》。另有一些作者卷目均已无可考的，如《南方异物志》、《南中异物志》、《南中八郡异物志》、《广州异物志》、《岭表异物志》等。这些著作虽都已佚，但从另一个侧面反映出岭南植物的盛况。随着文明的进步和南北交流的频繁，宋以后，这些“异物志”便消亡了。

鲜花种植的普及和鲜花消费的旺盛比肩而生，艺花、卖花、贩花也随之流行开来。唐代段公路的《北户录》与刘恂的《岭表录异》同系记载岭南风土物产的文献。《北户录》说：“山花丛生……正月开。土人采含苞者卖之，用为燕支粉，或持染绢帛，其红不下红蓝花。”《岭表录异》一书则记有“岭表朱槿花……俚女亦采而鬻，一钱售数十朵”的文字。贩卖鲜花利益回报较高，也反过来推动着鲜花种植的不断扩展。

唐代诗人张籍曾赋诗描绘广州是“海花蛮草连冬有，行处无家不满园”（《送侯判官赴广州从军》），惊叹广州冬季仍花草繁茂。这时期海外的茉莉花、指甲花、素馨花等洋花在广州的种植已很普遍，并开始出现了花卉的买卖市场，卖花姑娘以彩绳穿起各种花卉出售，吸引了中外游人。

唐朝末年，四海鼎沸，随后进入军阀割据的五代十国时期。刘龑（音 yǎn）凭借父兄在岭南开创基业，于后梁贞明三年（917 年）在番禺（今广州）称帝，改国都为兴王府，国号“大越”（次年改为“大汉”），史称南汉。广府花卉业在南汉时期有了新的气象。刘氏立国后，重视商业，扶持经贸，特别是利用“广州通海夷道”同外国进行通商，获得了丰厚的财富。繁荣的经济也带来了统治者生活极尽奢华的资本，南汉历任四主都喜欢大兴土木，对兴王府即今广州城内外的越秀、白云两山及今泮塘、小北门、流花桥进行了持续半个世纪的大规模建设，“三城之地，半为离宫苑囿”（《广东新语》）。宫苑的建设，需大量种植花木，由此还出现了一些具有岭南特色的园林。

白云山上花木蓊郁，山下是城市繁华（谢中元摄）

南汉造园有以花石为重的传统，这种传统被后代所传衍，成为岭南园林的一大特色。如刘氏统治者在兴王府城中，今广州西湖路一带，凿湖五百余丈，湖中沙洲遍植花药，并置太湖及三江奇石，名为“药洲”，园内有名石九座，故又称“九曜园”，湖、桥、石、花组成风景绝佳的园林胜地。而在城北，今白云宾馆附近至流花湖一带，建有流花桥、芳华园、芳春园等胜景，南北三四里，遍植刺桐、木棉，有“花开殷殷如画”之景。高祖刘龑还在越秀山筑了一条从山下直通山顶的“呼鸾道”，道旁遍植金菊、芙蓉，常常携爱妃宠臣游巡于此，欢度良宵，醉饮人生。

今天的荔枝湾、泮塘一带距当时的兴王府城近在咫尺，交通便利，又因水土肥沃，南汉宫廷为了解决厅堂殿宇的布置以及宫女们佩饰用花的需求，便选择在这一带种植鲜花，也就是御花苑。其中尤以“桃花夹水一二里”的刘王花坞景色最为秀丽，宋王象之所撰《舆地纪胜》曾载：“刘王花坞，乃刘氏华林园，又名西御苑，在郡治六里，名泮塘，有桃、梅、莲、菱之属。”2005 年底，在耀华大街旁边的街道上，有人偶然发现了一块古老的碑刻，上面刻有“祀崇花坞乐平康”的字迹，与史书记载相符。

南汉刘氏还非常崇佛，建佛塔、迎佛骨、赐寺田，一时成风，仅兴王府四面便修建了 28 所寺庙。由于岭南自汉代就有以花供佛的习俗，宗教活动的鼎盛必然促使花卉需求量的增大。许多花农便在寺庙旁种植花卉，以供善男信女们购买，这也促成了广府花卉业的兴旺。

四季绿荫如春，常年花团锦簇，兴王府成为一个大花园，岭南花卉种植业也达到了繁盛时期。可惜，朝代的更换随着历史的车辙滚滚向前，盛极一时的南汉朝廷于 971 年被宋所灭。宋军兵临城下时，后主刘鋹自知在劫难逃，下令举火焚城。风狂火猛，烟雾障天，全城直烧得四面通红，天地愁惨，多少宫殿、苑囿、寺庙、人工湖泊，在这场大火中，尽化作瓦砾焦土。痛哉！惜哉！幸好是战火烧不尽，春风吹又生，这是大自然对人类的最大恩赐。宋代的岭南花业并未因这把火而沉寂，经过几番冬去春来，依然兴盛如昔。

宋代岭南的花木因其“海味”受到了中原人的喜爱。所谓“海味”，指的是“舶来品”，自古以来，广州便依靠海路与海外众多地区和国家从事商贸文化交流，成为中国对外贸易的重要港口，所以不少花木从海外移植广府栽种，中原人多不易见到。北宋诗人余靖于天圣元年（1023 年）来到广州，任广州军州事，称广州西园（今西关一带）“花多外国名”，并称“异花皆舶上所来，岭北无之”。北宋时，由于广南到汴京的水路运输远比福建地区容易，所以北上京城的花以广南花卉为主，广州等地每年都有几千株奇花异木远运汴京。北宋徽宗赵佶（1101—1125 年在位），这位艺术家皇帝曾取天下瑰奇特异之花石草木，设雕栏、葺亭台、修楼阁，历时数十年在汴京（今开封）建起一座超豪华的人工山水式皇家园林“艮岳寿山”，曾列种素馨、茉莉、金蛾、玉蝉、虎耳、凤毛、渠那、含笑 8 种芳卉于其中，这些

都是广府地区常见的或特有品种。南宋孝宗皇帝（1163—1189 年在位）避暑时，“置茉莉、素馨等南花数百盆于广庭，鼓以风轮，清芬满殿”（《乾淳岁时记》），清香托起帝王梦，真是铺张之极，亦别出心裁，真是够会享受的。由此也可见岭南花木在北方所受到的“礼遇”。但在那交通不便的时代，只有帝王们才有能力享受这些岭南花木，一般北方老百姓只怕是无缘得见，更别说享用了。

南宋著名诗人杨万里，于绍兴二十四年（1154 年）中进士，曾任提举广东常平茶盐、广东提点刑狱等职，任内走遍南粤，得诗数百首，结为《南海集》。其中一首《宴客夜归》写道：“月在荔枝梢上，人行茉莉花间；但觉胸吞碧海，不知身落南蛮。”满城花香让北来的诗人陶醉不已，兴到神来，竟忘记自己身在南粤。杨万里还有多篇诗作写到岭南花卉带给他的美好感受，如《西园晚步》、《含笑花》、《紫薇》等。此外，值得一提的还有南宋地理学家周去非，曾在广西为官 6 年，归乡后，因为穷于酬答那些打听岭南情况的访客，于南宋淳熙五年（1178 年）撰成了一部《岭外代答》，列“花木”门，记述广东、广西两地花木多种，如桂花、红蕉花、南山茶、素馨花、茉莉花、石榴花、史君子花、添色芙蓉花、豆蔻花、泡花、曼陀罗花、拘那花、水西花、裹梅花、玉修花、月禾等。宋代花木繁茂，售卖花卉的集市也一直兴旺不衰。

经过宋元明三代商品经济的发展，贸易发达、万商云集的岭南广府地区初步形成了集种、艺、卖、贩、买为一体的花卉产业。明末清初，屈大均所著的《广东新语》可谓是一部广东“百科全书”，书中记载了当时的富人们“以稻田利薄，每以花果取饶”，种花显然变成当时一种重要的谋生方式，比种稻子更容易获得财富。珠江南岸的庄头村，即今海珠区南石头、瑶头、庄头、南村、小港、五凤村等地，花卉种植繁盛，可以说是广州南岸的一座大花园，尤以素馨花种植甚多，素有“素馨花田”之称。清代陈华曾赋诗载此地：“三十三村人不少，相逢多半是花农”，又云“花田女儿花作命，衣花食花解花性”。从这些诗中，我们可以想象当时家家种花的忙碌场景。那时的花农在种植技术的掌握上已臻于专业，能针对不同的品种、不同的区域安排比较准确的花候，大致通晓了挨、扦、插、驳以及数花合一株的园艺技能。至清代中晚期，庄头村百分之八九十的农户，以种花为业，每户少则两至三亩，多则五至六亩。种植素馨花出名后，花农还扩大种植面积，广植各种花卉，常见的品种如茉莉、含笑、夜合、兰花、玫瑰、鹰爪、球兰、鸡爪兰、白兰、豆蔻、山姜、兰蕙等，亦有岁末迎春的盆橘、桃花、牡丹等。

乾隆、嘉庆年间，熟悉花卉的江南名士沈复在《浮生六记》中写道："渡名花地，花木繁甚，广州卖花处也。余自以为无花不识，至此仅识十之六七。询其名有《群芳谱》所未载者。"《群芳谱》是明代介绍栽培植物的一部专著，可见广府花木品种之多、之奇。不少花卉除销往中原和江南，甚至出口到东南亚各地，如广州西南郊的大型园林区——花埭（或称花地），当时有着"海色四周无税地，香浓百亩有花田"的壮丽景观，是清代西方商船主购置我国花卉的重要场所。另《广东新语》还载："番禺鹿步都，自小坑火村至罗冈，三四十里，多以花果为业。"

清代广州花卉栽培已达到很高的水平。翻开任何广州及其属县的地方史志，都可以发现里面记载着大量的花卉种类，同时详细说明各种花的性状、观赏价值、栽培要点和采收办法等。如光绪《广州府志》记载花品 52 种，同治《番禺县志》记载 57 种，乾隆《顺德县志》记载 48 种，《佛山忠义乡志》记载 34 种。在地方史志中把花品单独列出，并详细说明，表明时人对花卉的高度重视，更说明花卉在广府人眼中的重要经济地位。到清末，广州的花卉生产遍及城郊，以花卉种植为生计的人更多。西场一带"有荔枝、花坞、藕塘之饶"。广州的萝岗，则以梅花闻名，"萝岗洞皆以艺梅为业，田野皆编花时人多往游焉"。番禺、南海的花卉种植业非常兴旺，顺德的陈村佛滘发展成为大型的花卉基地。

商业繁华之地，广府不仅出现了专门栽花为生的花农，还出现了专门贩花为业的花贩。清代花贩入城做鲜花生意主要有"担花箩"，即定期上门帮人换花，富贵人家的少奶奶、小姐不屑离家到市场买花，便约定花贩定期送花上门，包括"拾花碟"、"换花樽"。另有"提花篮"，即沿街叫卖散花，多为素馨、白兰、鹰爪等，卖花者大多是妇人、少女或小孩。还有一种"担花框"，即把花挑到专门的市场上去摆卖，主要出售连泥头的盆花。有一首《羊城竹枝词》，生动地描述了花贩入城卖花的情况："一声叫破春城晓。东家又要，西家又要，

楼头叫骂嫌迟了。金钱买得春多少?”

花贩和买花人共同催生了花市。嘉庆、道光年间诗人史善长（广东番禺籍）作有《珠江竹枝词》，写花市夜景：“金碧洋楼耀眼鲜，旗杆猎猎彩云边。隔人望望灯初上，星斗都疑落九天。”洋楼、彩旗、华灯等花市的元素一应俱全，虽不能确证这就是除夕花市，但明显写出了“那时花市灯如昼”的盛况。道（光）同（治）年间的广东南海籍诗人谭莹曾在月夜逛花市，留有《羊城花市》为证：“一路吹香月正圆，买花人比卖花先。四时绚烂同今夕，万井繁华竞百船。名果雕瓜偏错落，黄蜂紫蝶漫流连。年来五斗桃花米，仅博钗头百子莲。”花农船载各种时花入市，一时花香四溢、群芳争妍，尽显市井繁华。

清朝外销“通草画”中的街头卖花情形

（广州市越秀区档案局供图）

民国时期，花卉生产和市场更加完善成熟，花卉品种较清代繁多，“凡茉莉、含笑、夜合、鹰爪兰、珠兰、白兰、玫瑰、夜来香等，皆为种植”（1931 年《番禺县续志》）。人们对花的需求各有不同，民间敬神供佛要用花来传递诚心，茶楼酒肆要用花来装点门面，商场公司要用花来祈求财运，个人生活要用花来扮靓心情，对花的需求与日俱增。春节前集中买柑橘、兰花、绯桃、芍药等最为普遍，因此小打小闹的日常花市不堪其任，专售年宵花的除夕花市应运而生。1924 年，南海人谭颐年（清末秀才，曾任教南海中学等）写有《南桔庐诗草》：“沈沈夜就分，灿灿星如芯。聊与出门衙，逍遥过花市。”“逍遥”二字表明当时赏花、买花成了一件快乐的事情。

（二）素馨花香醉千古

现今漫步于喧嚣的迎春花市，人们可能会想到一个问题：最早的花市卖什么花？广州花市最早交易的品种之一是素馨花。素馨花对于今天的广人来说，已经没有多少人知晓，然而只要翻翻历史文献，读读宋元明清及民国时期文人墨客留下的诗歌，就可知素馨是广府地区的千古名花。“种传香国无双色，品是珠江第一家”，历代的州、府、县通志的植物部，均把素馨花排在重要位置，且占用大篇幅，咏唱它的诗词歌赋更是不可胜数，素馨花在历代广府人心目中的地位非同一般。元末明初诗人孙蕡的《广州歌》中说广州是“素馨茉莉天香国”，这绝非文人的想象，而是实至名归的美誉。

素馨花（广州市越秀区档案局供图）

素馨花并非广东的土产，而是从西域引种而来，原名叫耶悉茗。南越国时期，广府人不仅广为栽种，还懂得“彩缕穿花”用作装饰，此“花”即指耶悉茗。耶悉茗得“素馨”之名并大规模种植是在南汉时期。南汉小朝廷招待中原使节时，常以素馨花相赠，并美其名曰“小南强”，取素馨之艳压群芳之义来彰显南汉国力，可见素馨在广府的受重视程度，誉之“花魁”并不为过。

素馨女塑像（谢中元摄）

关于素馨花名称的由来，宋《龟山志》载：“昔刘王有侍女名素馨，其坟生此花，因名。”而在广府民间的口耳相传中，有一个美丽的故事更加动人：

相传五代时期，广州珠江南岸的海珠区庄头村有个叫素馨的种花姑娘，长得非常漂亮，她从小偏爱耶悉茗，她家的花田里，种的全是耶悉茗；她的发髻上，插的也是耶悉茗；她的房间里，挂的是用耶悉茗串成的花灯。每年七夕乞巧节前，

她还用绿丝线把花朵串成一串，像银珠项链一样，戴在颈项上，走到哪里，哪里就一阵清香，不知吸引了多少人的目光。

当时正值南汉皇帝刘鋹登基，下诏选美女，素馨姑娘被选入宫中，并深得皇帝喜爱。皇帝为投素馨所好，下令在皇家花园都种上耶悉茗，所有宫娥都要像素馨姑娘一样，戴耶悉茗。每天早上宫女们临溪梳妆，把隔日残花掷于水中，片片花瓣，随波而下，积满了下游的湖泊，这便是后来广州的流花桥、流花湖。

后来素馨在宫中死去，皇帝在埋葬她的花园中种满了耶悉茗。南汉王朝结束后，庄头村的村民们将素馨的尸骨迎回来，葬在花田之中。说也奇怪，三天之后，人们惊奇地发现素馨的坟头竟长出了一簇簇洁白的耶悉茗，花瓣雪白，气味芬芳。每当明月皎洁的夜晚，花月相映，银白一片，微风过处，清香沁人。为了纪念素馨姑娘，人们便将耶悉茗改名为素馨。素馨，既白且香，素雅而芳馨，尤其贴切地表达了这种洁白醇香之花的独特风情。人们还把素馨花敬为花神，所以广府地区还流传着采摘素馨定要女子的规定。

人因花而凄美，花因人而久传，后世文献对埋葬南汉美人的“素馨斜”的记载颇具浪漫色彩。清乾隆《番禺县志》载：“在今河南庄头村，昔南汉宫人葬此。有美人喜簪素馨，殁后，遂多称之，名其冢曰素馨斜。每月夜时，闻笑语声。”这些充满夸张色彩的描述，显然寄寓的是人们对素馨的怀念。此载中，“每月夜时，闻笑语声”一说还与民间流传的“庄头月下素馨魂”之说相印证：相传花田中常见一个女子，全身素白，四处飘游，若隐若现，好像是对花田有无限眷恋之情。有乡民大胆者，跟踪前去，不管如何加快脚步，总跟不上，只闻清香沁人肺腑，至雄鸡报晓，那女子才消失在白花丛中。正如屈大均的诗所咏的，“花田旧是内人斜，南汉风流此一家。千载香销珠海上，春魂犹作素馨花”，读来凄美而动人。不过，屈大均《广东新语》却载“素馨斜”的原址在城西芳村，“素馨斜，在广州城西十里三角市，南汉葬美人之所也。有美人喜簪素馨，死后遂多种素馨于冢上，故曰素馨斜。至今素馨酷烈，胜于他处。以弥望悉是此花，又名曰花田”。“素馨斜”故址到底是在河南还是芳村，没有人知道。好在这两地相距并不远，平田弥望皆素馨，也许人们更宁愿相信素馨花所植之处，都是素馨女灵魂归依的地方吧。

南汉故迹已成历史烟尘，素馨旧事亦无从确考，然而透过这些凄美动人的传说，人们似乎能遥想素馨花在广府这片土地所演绎的一派繁华。珠江南岸（即今海珠区）33 乡皆种素馨花史有明载，有“花洲”之称的河南庄头村，因其“遍地如雪，触处皆香”的素馨花田成为今天缅怀广府花事不可错漏的情节。庄头村，地处珠江南岸中部偏西，即今海珠区工业大道与昌岗路交界处一带。南汉之后，尤其是明清时期，河南庄头几乎家家户户种素馨，“周里许，悉种素馨（花）”，片片花田，一望无际，细白清香的素馨花绵延数里，盛放在青山绿水间，连云接天，馥郁的芬芳沁人心脾，香飘十里，成为河南的一大景观，人们常以“弥望如雪”来形容如此盛景。清末文学家钮琇《觚剩》一书更是描绘得极生动细致：“珠江南岸行六七里为庄头村，以艺素馨为业，多至一二百亩……花时悬珠玉照，数里一白，是曰花田。”广东香山诗人陈官作《竹枝词》描述河南花田景象：“傍田户户花为粮，春事孩同蝴蝶忙。”番禺诗人黄子《花田》诗不由得感慨：“悔不庄头村里住，一生衣食素馨花。”足可见当时素馨花之盛、之美。

有需求就有市场，既然有如此大规模的种花人，自然就有卖花人、贩花人、买花人、赏花人、用花人。屈大均《广东新语》记载，每当素馨花盛产的季节，花田的妇女天未明就起来摘花，用湿布裹着，以免花苞一见阳光就盛开。许多做“转手贸易”的花贩，专程渡江前往珠江南岸采购素馨花，然后载至五仙门的城门口花市去摆买。素馨花苞一粒粒像珠子一样，人们踊跃争购，乃至于“城内外买者万家，富者以斗斛，贫者以升，其量花若量珠然”，“一时穿灯者，作串与瓔珞者”，满城皆是，活灵活现一幅千年南国商都的靓丽风景画。

珠江上摆渡送桃花的花农（广州市越秀区档案局供图）

素馨花如此受欢迎，不仅因为其花美香醇，还源于其诸多妙用。

素馨花不仅可以用以做花梳、花艇、花灯，还可以制香、熏茶、酿酒、制药，亦能待客、消暑。

南粤之地鲜花繁盛，粤人都“爱把山花插满头”，佩戴素馨则是广府的千年时尚，“无分男女，有云髻之美者，必有素馨之围，在汉时已有此俗”，屈大均还用充满灵性的笔触写到素馨花的善解人意：“乘夜乃开，上人头髻乃开，见月而益光艳，得人气而益馥，竟夕氤氲。”买来一串串花蕾，让它在云鬓之间慢慢绽开清芬，那种从容优雅，真是让人心醉神迷的绝佳图画。以彩丝穿之，编为花串，绕在发髻上，叫做“花梳”，“金齿屐一尺，素馨花两鬓”是广府地区妇女的时兴打扮。年轻的女孩子们花簪髻上，香随人走，穿街串户，一路上笑语盈盈，暗香流动，别有一番风情。看那文人墨客留下的诗句便可为证，清初诗人王士祯有诗曰：“半夜发香人梦醒，银丝开遍素馨花。”

素馨花，不仅“绕鬓人人艳”，还“穿灯处处光”。每当七夕之夜，人们巧制素馨花艇，泛游珠江、西濠、香浦，桨声灯影，花气袭人，十分有趣。秋、冬季节进行各种传统祭祀活动之际，千家万户都在自家门前悬挂素馨灯，用以祈福求财，扎成龙凤吉祥状的素馨花灯，精致玲珑。杨慎曾说“粤中素馨灯，天下之至艳者”。清代诗人黎简有诗云：“广州花时过未曾？夜夜素馨穿作灯。”就连上流社会的士子官绅，也毫不掩饰他们对素馨花的偏好，交际活动中互赠手信，大多离不开以素馨花制作的各式礼品。心灵手巧的穿花姑娘还用丝线、竹枝将素馨、茉莉等香花穿成花鱼、花虾、花蝴蝶、花璎珞等花饰品，还可以按顾客要求制作各种花饰，以供市内的宾馆茶楼开业志庆，或是迎神赛会、欢迎贵宾时制作花灯、花篮之需。

素馨还有美容饮食解暑的妙用。素馨花是天然的美容化妆品，每到盛夏花开旺季，人们纷纷“以花蒸油取液”，制作成滋润皮肤的面脂和护发长发的头泽。素馨干花可以熏茶、熏酒，清香怡人。如素馨茶的做法，“取蓓蕾，杂佳茗贮之。或带露置于瓶中，经一宿，以其水点茗”。素馨酒的做法，“作格悬系瓮口，离酒一指许，以纸封之，旬日则酒香彻。其为龙涎香饼香串者，治以素馨，则味韵愈远”。取素馨花瓣拌糖霜，曝晒旬余，做成粉果心馅，名荼蘼角，甚为甘馨好吃，也是佐酒的佳肴。素馨还可做药用，心气痛患者可用干花加水煎

服，数服可愈，还有人用以煮水沐浴，遍体生香。旧时广府民间就有“残花尚带香”的说法，可见它即使干了也有价值。素馨还可以“怀之辟暑，吸之清肺”，酷热季节，人们还喜欢把素馨扎成球，挂在枕边床头、蚊帐里、衣襟上、门上，用以消暑纳凉。遇到宴会，酒酣耳热之际，捧出一个寒香扑鼻的素馨球献给客人，可使人酒意顿消，立即清醒。

适时应节拥有一束芬芳鲜嫩的素馨花，或者若干以素馨花制作的工艺品，是许多人梦寐以求的事情。经历两千多年，这种对素馨花近乎奉若神明的器重，逐渐成为广府地方风俗。康熙至乾隆年间，岭南著名医学家，南海县云津堡人何梦瑶在《珠江竹枝词》中如此描写广州花市情景：“看月谁人得月多，湾船齐唱浪花歌。花田一片光如雪，照见卖花人过河。”“浪花歌”即“咸水歌”，花田一带种素馨、茉莉为多，一望雪白，故有花光照人之说。清代道光时期广州著名书院课艺曾以“岭南四市”命题，所咏的《羊城花市》指广州河南庄头村的素馨花市，孟鸿光应课之作有“回首大河南畔路，踏青惆怅素馨斜”之句。

至清代，曾经盛极一时的素馨花渐渐衰落凋零。一方面，清朝入主中原以后，强迫汉人剃发，使得素来注重“汉官威仪”的岭南士子们顿失“云髻之美”，以往大量使用素馨花围饰发髻的现象渐渐消失。另一方面，随着明清经济的发展，花卉集市渐趋完善，花卉品种日趋增多，素馨于是不再独享花中主角的地位。花无出路，种花者日益贫困，花田逐渐荒芜和萎缩的现象便不可逆转地蔓延开来。

昔日广种素馨的芳村，据《广东新语》“名园”篇记载当时有咏者云：“花田近在城西社，素馨花气熏游冶。美人墓上多牛羊，当日人前面空赭。”素馨花田成为牛羊放牧之地，可见当时素馨种植已有荒芜迹象。晚清叶廷勋《广州西关竹枝词》中有一首感慨西关花田：“艳说名花是美人，素馨名字唤来频。花田旧址无花种，花月花魂认化身。”诗人蔡士尧有诗句曰：“第五桥踪迹可怜，桥头南望素馨田；沧桑人事多更变，坠髻横钗向紫烟。”都可证素馨花田的日渐荒败。至清末，城西芳村一带成为青楼和烟馆林立之地。

曾有着“素馨十里任流连”的广州河南庄头村，素馨远去的步伐虽然慢一些，但终究还是“无可奈何花落去”。晚清的连年战乱，民不聊生，传统民间习俗受到冲击，素馨的需求量日渐减少，素馨花田难免荒芜。清末诗人丘逢甲曾慨叹：“欲写美人香草恨，秋芜满地素馨斜。”清光绪诗人汪兆铨《花田访素馨斜故址》云：“素馨斜畔静朝晖，村落参差曲径微，数里晓风香不断，卖花人已买花归。素馨坟上无素馨，荒垅凄迷草色青。日日花田作花市，婵媛犹似接扬铃。”往昔“弥望如雪”的素馨花田已经难以恢复。

20 世纪 50 年代广州市工业大发展的规划中，“素馨之乡”广州河南庄头村的素馨种植业遭遇到最为彻底的灾难。一条工业大道直穿庄头村而过，一座座工厂楼房拔地而起，当年花田被夷为平地，川流不息的车辆在这里南来北往。庄头村最后一片花田于 60 年代末因建设珠江医院而消失。素馨花“零落成泥碾作尘”，逐渐丧失了它在岭南生存的庇护地，沦落为日渐稀少、无从寻觅的野花。

如今，因素馨花而得名的历史遗物，有海珠区晓港公园内的“花洲古渡”石牌坊一座。20 世纪 70 年代改造滨江道时，原先在“花渡头”旁的石牌坊被移到晓港公园内，可惜只有牌坊而没有素馨花。2006 年新落成的庄头公园，靠近正门处摆放了一尊裙裾上绣着素馨花瓣的少女雕塑，里面仅有几丛其味不香的黄素馨，游人很难再寻找到曾经“花白如雪”的素馨了。

花洲不知何处去，古渡依旧笑春风

（广州市越秀区档案局供图）

但回溯过去，素馨永远是花城、花史、花市的开端，人们也只有从这些仅存的历史遗留物中去追怀其流风余韵。

（三）广府花乡聚两村

素馨花的谢幕，并未影响花市的繁盛。人们行花街，总是会惊诧于花种的繁多、花潮的涌动。如此丰盛的千花盛宴绝不是靠一两天的突击搬运就能完成的。身上绵延着爱花、养花、赏花传统的广府人，凭着千年商埠的商业智慧，没有让这样的商机白白流失。他们抓住人们“花开利市”的心理，把简单的花木买卖扩张成一个无与伦比的花卉产业。

广府地区极负盛名的花卉生产基地，不能不提广州芳村、顺德陈村两大“花乡”。2004 年，两“村”的花卉产量占全省的 80%，年销售额 35 亿元，堪称两大“旗舰”，足以傲视群雄。芳村建立起了目前亚洲最大的鲜花超市，陈村拥有目前中国最大、现代化程度最高的花卉展览中心。盛衰有时的花，被广府人作为一个产业运作得风生水起，一年比一年兴旺，这不能不说是一个传奇。

1. 广州芳村

广州被珠江分隔成三个自然块，即俗称的“河北”、“河南”及芳村。芳村地处广州西南，是连接广州和珠三角及西南部 60 多个县市的桥梁和纽带，除西部部分地段外，其余均为珠江环绕，区内河涌纵横，花地河贯穿全区南北，形成水道“双环绕花埭”的格局。芳村以花闻世，素有“千年花乡”、“岭南第一花乡”、“花城中的花城”的美誉，最能体现广州的花城特色。

芳村的大通港乃历代重要港口，经常停靠国内外的来往船口，因而带来了许多奇花异草，南来广州任职的大小官员都是坐船沿水道而来，在大通寺上港后，便暂住大通寺或者花地的园林，待卸任官员办好移交手续后再到广州接任，他们随船带来的花卉便有不少在花地落户了。

如今的芳村水秀花香，可是这里曾经是个“荒村”。北宋初年陆续有人自南海、番禺等地到此聚居，以捕鱼为生，因其荒凉得名“荒村”，后来居民种植花木，至明末清初，

1989 年芳村迎春花市（广州市档案局供图）

开始花果遍地，香飘四野，于是人们取其谐音，以“芳”取代“荒”，改名芳村。

民间还流传有“荒村”变“芳村”的传说：很久以前，这里不过是一片低洼荒地，杂草丛生，居住着一个无儿无女的善良老人蔡伯，孤苦伶仃的蔡伯以种菜为生，与他相依为命的只有屋檐下的燕子。他特别照顾屋檐下的燕子，总是为燕子筑巢和觅食提供各种方便。有一次，蔡伯从地里回来，看到一只小燕子受伤了，便赶快去采了草药回来，捣碎后给小燕子敷上，又从旧棉被上撕下些棉絮，给燕子做了个松软的窝。他精心治疗好小燕子的伤，和小燕子一起度过了一段美好的时光。直到秋天来临，小燕子才依依不舍地离去。第二年春暖花开日，蔡伯走出家门，奇迹出现了。成千上万的燕子都在蔡伯的门口兜圈，一群接着一群，一队跟着一队，向善良的蔡伯致意。它们给蔡伯衔来了世界各地奇花异草的种子，蔡伯高兴极了，把种子撒在菜园里，不久便长出种苗，他把种苗分给街坊邻里种植。从此，这里到处是香花佳卉，芳菲怡人，变成了“芳村”。

虽然这个传说只是老百姓的善良想象，但生动地反映了芳村因花而得名的来源，以及这块地方与花卉的密合因缘。据2005年芳村并入荔湾区之前的芳村区资料显示，辖区内有106个自然村落，街巷道路、生活小区都以花花草草命名或派生而来，如花地、花地湾、桃花湾、花湾路、花蕾路、玉兰苑、玫瑰苑、牡丹苑、紫薇苑、百合苑、红棉街、杏花街、春兰街、剑兰街、金兰路、浣花路等。

在这诸多以花为名的地方，花地（通“花埭”）最负盛名，是芳村最具代表性、最具特色的“艺花之乡”、“盆景之乡”。珠江之西有鹅潭，鹅潭之西有花地。地以花得名，民间甚至还有“先有花地，后有芳村”的说法。道光年间居住在芳村的岭南著名诗人张维屏曾咏叹：“花埭接花津，四时皆是春。一年三百六，日日卖花人。”花地种花成为一时之尚，当时流传的民谣有：“掘地种禾做到怕，劳碌奔波为肚饥；一盆鲜花十蚊钱，不如花地学种花。”人们在“种禾”与“种花”之间选择了种花，是因为花卉种植比其他的农业带来的回报更高。花地种花人的本事也常被诗歌所赞：“蝴蝶双飞鸽喳喳，花地儿女甚巴技；种得花儿威喳喳，天光采摘过黄沙。”

花地在清代成为广州最大的花卉产区、有名观花赏景之地。“河上游花船、陆上设花廊、城中开花市、户户溢花香”是当年花地河两岸的醉人景象。花卉品种已是千姿百态、五彩缤纷，其中传统品种有素馨、茉莉、月季、菊花、白兰、含笑、茶花、桃花、杜鹃、九里香等。花盛自然引来赏花人，“人日游花埭”这一民俗节庆活动相应而生，同时又为花地花卉业的繁荣推波助澜。

每年的农历正月初七，人们成群结队前往花地这个花气氤氲、姹紫嫣红之乡做一日之游。《番禺县志》记载：“花地楼台绣错，群卉绮交，每岁人日，游屐画船咸集于此。”花地河上，画舫游船如织，游客摩肩接踵，络绎不绝，一时间，花地花如海，人在花丛中，笑在春天里，时人有竹枝词咏之：“珠娘颜色比花妍，结队看花舣画船。一片笙歌花世界，从来花地即花天。”民国时期，“人日游花埭”的习俗仍然具有强大的感召力，如康有为留有《人日游花埭》一诗感慨：“千年花埭花犹盛，前度刘郎今可回。”“刘郎”应指南汉国后主刘鋹，倘若这位曾经把广州府装扮得花团锦簇的皇帝，看到今日的花地景象，该是何种心情呢？不仅如此，清嘉庆年间，两广总督特许在广州营商的外国人于每月初八、十八、廿八三天白昼前往该处游览，因而花地便成为一块旅游宝地。每到节日，红男绿女，三三两两，前来游春。其盛况几乎可以和后来一年一度的迎春花市相媲美。

花地又是名人雅士、巨商富贾寻梦的地方，他们在此建起一座座别致的名园别墅，一时间，山水花木，亭台楼榭，交相辉映。明代万历年间（1573—1620 年），这里已出现“花园楼台数十，栽花木为业”的景况。清代中后期是花地园林的鼎盛时代，在不足 3 平方千米的花地一带，前后有大小园林二三十家，其中醉观、留芳、纫香、群芳、新长春、翠林、余香圃、合记被誉为八大名园，醉观公园曾获清光绪帝御赐“国色天香”的金匾。各园或以奇花异卉取胜，或以景色幽雅迷人，或集赏花饮食于一身，或吸引文人园中作诗。“粤东三子”之一的著名诗人张维屏（广东番禺人）就曾归隐于花地，筑室“万松园”，常与友人在花间作文酒之会。

有些园主邀集文人学士，吟诗联句，以助雅兴。纫香园主特邀光绪举人梁修题咏的《花埭百花诗》。还有咸丰三年的《诗社杂咏》第一集，清代诗人张维屏的《花地集》，清代编印的《羊城竹枝词》有 60 多首专咏花地。这些都被刊印行世，名噪一时，流传至今。尤其值

得一提的是，张维屏曾住在芳村，他的咏花地诗对当年芳村花市的盛况多有描述。《花市》是这样写的：“花市朝朝水一方，目迷五色灿成行。筠篮卖入重城去，分作千家绣阁香。”

因此而生的诗社画苑也有不少颇负盛名，如道光年间以黄玉阶为首的“花田诗社”、咸丰年间以邓大林为首的“杏林庄诗社”、晚清的“袖海楼诗社”。足见当时的花地魅力非凡，引得各方才俊纷纷到此丹青写意，翰墨传情。

这些私家园林产生了颇具特色的园林式“花市”，何以如此说？清末《番禺县续志》卷十二《实业》记载：“花埭诸园林，皆以卖花为业，多装设盆景，每岁春初，游船麇集，花事尤盛。”可见，园林不仅栽植各种时花、古树、盆栽、盆景供人观赏，亦做销售。园内还产生过“斗花”习俗，主要是比一比谁的花更美，谁的盆景更奇特，胜出者奖励一定的烧酒、烧猪、利市等。民国二十七年（1938 年），这些名园遭战火摧残。抗战胜利后，虽有所恢复，但园林面貌大不如前。新中国成立后，诸园旧址合建成现在的醉观公园。

园林中还有一大花卉盛事——摆花局，值得一提。摆花局是一种常见的娱神赏花方式，类似今天的花卉展览。以前，广府地区每个乡村都设有庙堂，每逢神诞、迎神赛会、打醮演戏等喜庆活动都要摆花局以示庆祝。昔日的花局最常摆成金字形，金字顶上正中置一将军树，西边设 1.5 米以上的罗汉古松，古松下面摆上“福、禄、寿”等吉祥字样的罗汉松。金字中间摆一张桌子，桌子上面放有梅、兰、菊、竹、香、榆、松、柏及一些名贵盆栽。此外，在花局入口两边分别摆上张飞、赵云的将军树像，是为画龙点睛之处。摆花局并非易事，细节处要彰显精致与富贵。一般来说，花局中的罗汉古松要高 1.5 米以上，躯干遒劲，树头被凿成宝鸭穿莲、龙麟吐玉书、老蚌生珠、彩凤朝阳等形象，枝爪需经过精心修剪，呈上翘之势。栽培这样一株罗汉古松一般需要二三十年的时间，所以甚为珍贵。花局中的将军树，先要用石榴勒树，配以铁丝架，屈成一位大将军的身型，身披盔甲战袍，肩插战旗，脚踏瓦靴，看上去威风凛凛、栩栩如生。各大名园、花场备有摆花局所需的花木和家俗，它们各自独运匠心摆设花局以招揽游客，将佳作供游人品评。

如今，芳村花地是全国闻名遐迩的花卉产区和花卉集散地，被誉为“东方阿姆斯特丹”。1985 年，芳村区人民政府成立，广州市委、市政府提出“要把芳村区建成花城中的花城”。芳村花卉产业借着改革开放的春风扶摇直上，全区三分之二的农民从事花卉生产，种植花卉品种达 170 多个科目，2 000多个品种，花卉面积达 1 400 多公顷，形成了观叶植物、绿化苗木、盆景、盆花、鲜切花、兰圃、观赏鱼、草皮等全面发展的生产格局，产品销往国内各大城市，甚至出口到欧美、东南亚、港澳台等100 多个国家和地区，年销售额达10 多亿元人民币。

芳村与花有关的“大手笔”一个接一个。芳村几个最重要的花卉市场，如位于芳村窖口的岭南花卉批发市场、龙溪大道的广州花卉博览园、花地大道的花鸟虫鱼市场，早已声名在外。尤其要提到的是多功能花卉综合市场——广州花卉博览园，它是广州第一个以“花卉展销观光”和“水乡风情旅游”为建设模式的公园，集花鸟虫鱼的生产、销售、检疫、科研、信息、运输、通信、服务、观光旅游为一体，常年进行花卉买卖，称得上是一个永不落幕的花市。2003 年 1 月，博览园内建成亚洲最大的“广州花卉交易（拍卖）中心”，交易额达 20 个亿。同年 11 月，堪称当时亚洲最大的鲜花超市在芳村落成开业。芳村不再是文人雅士抒发小情怀的浪漫之地，已成为中国独一无二的“花谷”，和陈村一起并称花卉专业人才最密集的花卉产区。

2. 顺德陈村

和广州芳村一样，顺德的陈村也是终年花气氤氲、姹紫嫣红。陈村位于广东省佛山市顺德区，地处美丽富饶、溪河如网的珠江三角洲腹部的平原地带，历来种植业发达，尤以种植花卉苗木而闻名，被誉为“中国花卉第一镇”和“百花村”。在中国花卉业粤、云、福、浙和琼“五强”对峙的大市场里，陈村所占的分量举足轻重。陈村人曾自豪地说：“内地有铁路所达的地方，就有顺德的花卉，世界有华人的地方就能买到顺德的花卉！”在亚洲，80% 的花农知道有个陈村；运往世界各地的中国兰花中，有 90% 来自陈村。到 21 世纪初，陈村共有 1. 2 万户，参与花卉产业的就有 1 万多户，大小花场近 6 000 个，品种 6 000 多种，全镇花卉种植面积约 1 500 公顷，占耕地面积的 90%。2008 年陈村全年花卉交易总额 20 亿元，出口 2 850 万美元，分别占全省花卉出口量的二分之一和全国花卉出口量的四分之一。

2009 年佛山市顺德区陈村迎春花市开幕（陈村镇政府网供图）

其实，早在 2 100 多年前汉武帝时，陈村花卉就已经作为贡品每年进奉朝廷，清代康熙年间《顺德县志・卷一・图志》有载：“汉有扶荔之宫，宋有异花之献，置堠传送，皆自南海。意即斯乡（陈村）。”所谓“扶荔之宫”指汉武帝元鼎六年攻破南越后，在上林苑建了一座“扶荔宫”，专门用来种植岭南的奇花异草。“异花之献”，即向朝廷贡献奇异的花卉，可以推测陈村自汉以来就有相当珍贵的花卉种类和相当规模的种植产业。清朝咸丰年间编撰的《顺德县志・卷二・图经》亦曰：“陈村岁载花果出售诸郡，自汉例献龙眼、荔枝，宋贡异卉，盖由来已古。”

明末清初，陈村已发展成为一个花卉果木种植基地、技术输出地及艺花技术之乡。陈村一带园圃密集，“户以花为业，村以花出名”，出现家家户户种果养花的情景。屈大均《广东新语》述说了当时的盛况：“渔舟曲折只穿花，溪上人多种树家，风土更饶南北估，荔枝龙眼更繁华。”屈大均还提到陈村人在经营花木生意上代代相传的种植技艺和经验，称：“尝负担种花木贩之，近者数十里，远则二三百里。他处欲种花木率就陈村买秧，又必使其人手种持接，其树乃生且茂，其法甚秘，故广州场师，以陈村人为最。”可见陈村花农栽培技术相当高超，当时就已有人物盆景、石山盆景及用花卉扎成的各种人物，形象惟妙惟肖，供神坛、社庙布置门口和厅堂之用。

清代中叶，随着海禁的开放和对外交流的发展，陈村花卉生产也开始出现了一个新的发展高潮。从海外引进的品种，加上地方培育的特色产品，使花卉果木品种得到极大丰富。陈村正好处于珠江口一个

三叉海的位置，在靠水运为主的年代，成为所有进出广州船只的停靠之地。陈村的炮台脚港口，可直通香港，有如此优越的海上运输条件，陈村自然是四方商贾云集之地、珠江三角洲的主要商业中心。乾隆时期，专业花卉市场——龙津花市也应运而生，由于花木种植日广，当地也不断增设花卉贸易市场。咸丰时期的花市设在有着“百里春林绣落霞”美景的弼教村，弼教是当时陈村最大的花木生产基地，据当时人解释，“树人艺花果为业，花棣栉比异种颇多，以舟载出转售于诸村，乡园皆资焉，就近设市而论其值”。花贩成群结队到陈村，用船只将花卉运到广州及其他周边市镇进行交易。清代画家、陈村人黎简作《春江吟》，描写了以船只将花卉运往外地销售的繁华景况：“雨酿浓青柳醉天，一弯愁黛暮山圆。船头花影垂垂簇，亲见饥鱼嚼紫烟。”清代的顺德诗人张琳《玉峰诗钞》也描写了类似的风景：“逍遥花市趁春闲，三十三村水一湾。多谢小娃勤荡桨，探花早去载花还。玉貌花洲拥画挠，赏花刚又值花朝。妾嗟命已如花薄，郎漫将花比妾娇。”

民国至抗日战争前期，陈村花卉生产的总体比重有所下降，但仍较为兴盛，是陈村镇的特色产业。此时陈村年产盆花数万，600 多个品种，当地花农培育的米仔兰、桂花、茉莉花、玉兰、四季橘、金橘以及盆景树桩等远销上海、江苏、浙江、天津、福建、汉口及香港等地。这一阶段，陈村镇花卉市场更为普遍，有三踏黄圩、旧圩市场和新圩市场等地，买卖方式也更为灵活，既可购买，也可租赁。可惜抗战期间，陈村遭到日寇飞机狂轰滥炸，人口离散，百业萧条，花圃差不多全部被毁或改种杂粮。

新中国成立后很长一段时间，由于“左倾”的错误影响，陈村地区花卉生产发展缓慢，时种时停。“文革”更让陈村花卉遭遇寒冬，花卉生产被斥责是为资产阶级服务，花木场被勒令改种粮、蔗、蔬菜，花农改业，花种散失，花市取缔，花卉生产陷于停滞。

改革开放后，陈村花卉产业不仅得到迅速恢复，而且以前所未有的速度、规模发展。1981 年，陈村举办迎春花市，此后一届胜过一届，目前已成为全国最大的迎春花市。1986 年，陈村从世界花卉王国荷兰引进了一座面积为5 100平方米的全天候花卉工厂。1999 年 2 月，“陈村花卉世界”建成并投入营运，标志着陈村花卉产业由零散经营转为规模化、产业化的现代农业模式。随后，陈村相继承办了第五届中国国际花卉博览会暨第三届中国花卉交易会、首届中国国际年宵花卉展览会，陈村开始树立起花卉行业的龙头地位。国家领导人江泽民、朱镕基、尉健行、李长春、乔石、钱其琛、李铁映等也亲临花卉世界视察指导。2006 年 4 月，陈村举办“中国（陈村）国际盆景赏石博览会”，一举赢得“世界盆景赏石园艺博览之都”的称号，成为名副其实的国际“花都”。2008 年 11 月，陈村建成大型花卉超市，使卖花人彻底告别了“提篮小卖”的历史，并且实现了全年不落幕、天天有花市的盛况。

陈村花卉业的腾飞式发展始自 20 世纪末，1999 年“陈村花卉世界”的建成及投入使用和 2001 年“第五届中国花卉博览会”在陈村的顺利召开，是里程碑意义的两个大事件。

1999 年，当时的陈村镇政府看准了陈村花卉产业的前景，推动花卉业走上集约化生产、现代化经营和国际贸易的路子，成立了陈村花卉世界有限公司。“陈村花卉世界”总用地 666.7 公顷，设两大市场、一大中国花卉交易广场、国际兰花交易中心和花卉世界公园。分三大功能区：销售区占 200 公顷，高新种植区占 400 公顷，综合配套区 66.7 公顷。具备生产、销售、科研、信息、旅游、服务六大功能，是花卉产业发展和资源吸纳的有效平台。“花卉世界”使陈村像一棵巨大的梧桐树，引得无数“凤凰”前来“筑巢”。目前，陈村花卉世界拥有产业型企业 2 000 多家，且最精英的海内外 283 家企业均已聚集到此，其中，有来自荷兰、韩国、澳大利亚、法国等国家和我国台湾、香港、澳门等地，以及内地多个省的花商，年销售额超百万元产值花卉企业有 30 多家，使陈村成了名副其实的国际花卉大市场。

名花引来天下客，一花带来百业兴。陈村花卉世界将全镇上万户花农、成千个花场和国内外花商有机连接起来，构筑了庞大的产业群。过去陈村一门心思搞花卉，而现在的花卉世界已经延伸到了旅游、奇石、书画、观赏鱼等多个相关领域。如今在花卉世界里，四季都有鲜花、盆花卖，各种奇花异卉、奇石根雕，以及各种艺术花盆、花用肥料、农药等应有尽有，堪称花卉世界的“联合国”。陈村人还利用超前的眼光和优良的技术，在高明、番禺、南海、三水、鹤山和台山等周边地区借地发展花卉产业。至 2009 年，陈村的花卉外延开发面积，已超过 1 300 公顷，相当于本镇花卉种植面积。陈村花卉世界不仅是广府花卉生产与流通的“风水宝地”，还是全国唯一以花卉旅游为主题的景区，亚洲最具特色的花卉文化旅游观光区。鲜花引来了游客，“陈村花卉世界”品牌享誉海内外，已接待来自荷兰、比利时、澳大利亚、美国、日本、新加坡、韩国、孟加拉、尼泊尔、越南、老挝、菲律宾等70多个国家的高级官员和使节。每年前来赏花、购花和进行技术交流的人数超过200万人次，已有32家旅行社定点组团旅游观光。

2001年9月28日，第五届“中国花卉博览会”在珠三角的小镇陈村举办，10天吸引了110万游客进园游览，交易合同金额达3亿元。一个小镇战胜了7个大省会城市，在申办的7大竞争者（广州、深圳、海口、沈阳、大连、漳州、无锡）中胜出，赢得了第五届中国国际花卉博览会的承办权，一时被传为佳话。此次花博会集世界名花异卉于一体，通过花与艺术、花与自然、花与生活、花与科技等主题，生动地展示了我国乃至世界花卉的成就、优势和发展前景，是花卉界的一次“奥林匹克”盛会。第五届中国花卉博览会后，陈村人通过不断举办各种不同的“节”和“会”，如每年还要举办“中国国际植物展”、“盆景雅石展”、“海峡两岸兰花精品展”等，带动了“花经济”的持续发展。

如今，陈村把“城在林中立，人在花中走”作为城市建设的品牌形象，城区绿林成景，郊区花木成片，干道花树相映，河旁绿林成带，城镇绿树环抱，城市与自然共存。如今的陈村镇几乎每一个村庄都是一个花园，整个陈村镇是一片花的海洋，两旁花场排列在一条条通向花场苗圃的道路上。敢为天下先的陈村人，在改革开放中以卓越的创造构筑了这人间鲜花之路。

广府地区一年三百六十五日，日日都是春。除了广州芳村、顺德陈村两个花乡，广府花卉生产基地还遍布于广府大地的村村落落。如广州市的花都、白云、番禺、从化等花卉片区都形成了自己的特色，中山小榄以菊业著称，更是有着悠久的花卉文化。广府花农的平和纯朴，从真实的泥土味中冉冉升腾，来自花乡的乡土情感，又何尝不是花市鲜活有力的脉搏？

三、自古而今几番新

——羊城花市的渊源流变

广府地区的行花街民俗是怎样形成的？为何这里的花市在经受了“文革”的扼杀之后愈加兴盛？也许只有深入理清广州花市的沧桑变迁，才能找到“花街十里一城春”的原因。广州，是广府核心城市，别名“羊城”，又称“花城”，千年以来雄踞海滨，蜿蜒的珠江穿城而过。这座南国古都采撷了独一无二的春光，依附于阡陌花农的躬耕、风流花诗的咏唱、清雅花梦的滋养，将商贾文明与农耕情怀共冶一炉。

从提篮吆喝、摇船卖花的民间弄花者开始，羊城花市穿越暗香疏影，袅娜而至，把花与人的和谐共赢铺排到极致。仔细说来，广州的常年性花市萌芽于唐朝，成形于明清。一年一度的除夕花市从常年性花市演化而来，肇迹于清代咸丰同治年间，定型于民国，新中国成立后正式命名为“迎春花市”。改革开放后，珠江三角洲大量的市镇街区闻香而动，纷纷在岁末举办迎春花市。在广府地区的诸多花市当中，唯有羊城独树一帜，其历史之久、规模之大、花品之多、人气之旺绝对是数一无二的。回溯它的过去，梳理它的脉络，咀嚼它的滋味，细嗅它的芬芳，一如年年荡漾于除夕夜的花香瑞气，恒久绵长，回荡无穷。

（一）早期的“花圩”、“花渡头”

今天人们顺口提到的花市，既可以指普通的、常年开设的鲜花买卖市场，也可以指在春节前几天举办的，专门销售年节用花以及供市民行走游赏的迎春花市。鲜花买卖无时无处不在进行，而迎春花市却只一年一次。迎春花市的前世今生，且从这里说起。

唐代，花市开始萌芽于广州，享有“自古南天第一人”、“岭南诗祖”等美誉的张九龄有诗为证：“江林多秀发，云日复相鲜。征路那逢此，春心益渺然。兴来只自得，佳气莫能传。薄暮津亭下，余花满客船。”这位来自韶州曲江（今广东韶关）的唐开元尚书丞相，曾对广州流花湖至西华路一带卖花艇的花事念念不忘，动情之下，写下这首《春江晚景》。最后两句写的就是广州城西郊古兰湖上的卖花船，“津亭”又名“余慕亭”，唐代时在广州府兰湖东岸，大致范围在今解放北路象岗之西，北至桂花岗，南至今东风西路与人民北路相交处附近。20 世纪 60 年代挖人工湖建成的流花湖公园，即为古代兰湖故址的一部分。这一带常有花船往来，可见鲜花买卖已很频繁。

南宋淳熙五年（1178 年）周去非《岭外代答》对广州的素馨花买卖记载道：“素馨花，番禺甚多，广右绝少，土人尤贵重。开时旋掇花头，装于他枝。或以竹丝贯之，卖于市，一枝二文，人竞买戴。”这里的“市”是固定的花市，还是一般的市场，没有确切所指，二者皆有可能。北宋著名水利专家刘彝（1017—1086 年）的一首《茉莉田》提到了茉莉花买卖：“忆昔打桨珠江边，庄头十里香氤氲。冥蒙花露白无际，一片荡作旃檀云。卖花人渡城西曲，筠篮络绎香风逐。十斛争量金谷珠，三升竞买瀛洲玉。”美丽的素馨花、茉莉花成为买卖品，匀红了人们的春衫长袖，为日后花市的真正成熟埋下了伏笔。

明末清初，广府花市已形成以素馨花为主的较固定的常年性花卉交易场所。清乾隆《番禺县志》（1774 年）记载：“粤中有四市，花市在广州之南，有花地卖花者数十家，市花于城。与合浦之珠、罗浮之药、东莞之香称‘四市’。”粤中四市，花市之名已成为品牌。当时广州比较有名的常年性花市有两处，一是芳村的“花圩”，另一个是五仙门对岸的“花渡头”。

明清时期，芳村已是著名的花卉之乡，花卉的生产与销售都非常繁荣，附近的花地河一带十分热闹。当时，珠江白鹅潭上来往花地的运花船艇穿梭不息，观光游玩的画舫游船亦往来如织，有民间歌谣为证：“花田花市午潮平，叶叶舟过打桨轻；三月暮春真好景，卖花声入五羊城。”花地观音庙前的“花圩”，一年四季花卉汇集，是个常年性的鲜花批发市场，每晚十二时开市，黎明前收市，故又称“天光圩”，可谓彻夜香风袭人。收市后花贩们将花运到省城广州摆卖，这

个常年性的花市以春节前后销售年宵花最旺。花圩一直到新中国成立后还继续存在，1990 年区工商局投资 89 万元，在花圩旧址建成大策市场。

以零售为主的城门口花市也是一个举足轻重的常年性花市，一年一度的除夕花市，就是由它逐步演变形成的。明清时期，珠江南岸的庄头一带盛产素馨花，明末著名诗人黎遂球《素馨赋》曾曰："望通衢之凝雪，列七门而成市。""凝雪"指洁白的素馨花弥望如雪，"七门"，指广州府的 7 个城门口，可见当时素馨花买卖已经有了固定场所，且销售量非常之大。屈大均《广东新语》甚至说"花市，在广州七门，所卖止素馨花，无别花，亦尤洛阳但称牡丹曰花"。这一说法过于绝对，以 7 个城门的规模卖花，花的品种并不会真只素馨一种，《广东新语》卷二十五"木语"、卷二十七"草语"中，记载的岭南草木达 156 种，那时至少有茉莉、杜鹃、水仙等数十种花出售。但从屈大均以素馨花媲美洛阳牡丹，列于广府花中魁首来看，他可能是以素馨花泛称广府花。康熙年间吴震方《岭南杂记》记载素馨花，"广城河南花田多种之，每日货于城中不下数百担"亦可为证。

7 个城门口花市中，以五仙门花市最负盛名。五仙门是明代扩建的广州新城南城墙上的一个城门，遗址在今海珠广场西侧，五仙门靠着濠畔街，而濠畔街在清乾隆、嘉庆年间已经是广州的金融商业中心，所以花市尤其热闹，一时还出现"城内外买者万家，富者以斗斛，贫者以升，量花若量珠"的素馨花热卖景象。

珠江边的五仙门一带（广州市越秀区档案局供图）

五仙门对岸的码头，是贩花的专业码头，因码头满是花船往来，人们也美其名曰“花渡头”。清乾隆时期李调元《粤东笔记》中载：“广州有花渡头，在五羊门南岸。广州花贩每日分载素馨至城，从此上舟，故名花渡头。花谓素馨也。”说的是花农、花贩，在晨光熹微之时，从花田里把花挑到江边渡头，然后坐船横渡珠江，到北岸的五仙门叫卖。也有一种说法，说当时卖花的年轻姑娘们肩担一担担芳香的花，乘坐一叶叶扁舟，笑语盈盈，因此招惹一些狂蜂浪蝶驻足，所以叫“花渡头”。如倪鸿的《广州竹枝词》写到此情形：“古墓为田长素馨，素馨斜外草青青。采茶人唱花田曲，船外桥边隔岸听。十三村口水如油，唤艇人来花渡头。扇影香衣成队往，拣茶红粉总风流。”不管怎样，这个码头因花而名，并因花而盛却是事实。

清代陈坤的诗也描述了当时花市的热闹景象：“素馨花市闹黄昏，抛掷金钱价莫论。争似种花郎有幸，一生长伴美人魂。”清康熙年间“岭南七子”之一的广东番禺诗人方殿元《羊城花渡头歌》亦赋词唱曰：“花渡头，秋波挂棹木兰舟，红妆障日影悠悠。悠悠之水不可即，谁不怜花似颜色。钗头玉燕亦多情，不爱明珠爱素馨。君不见卖花儿女钱满袖，春风齐入五羊城。”美丽的载花船，多情的卖花女，构成一幅兰舟逐浪送花来的美丽景象。鲜花随着春风吹入城中，卖花女也赚得金钱满袖，一场辛劳的谋生之事，却变成了趣味横生的浪漫花事。花渡头附近还有一条“花洲古道”，应是花农和花客的通行之路，直到民国时期该名仍沿用。

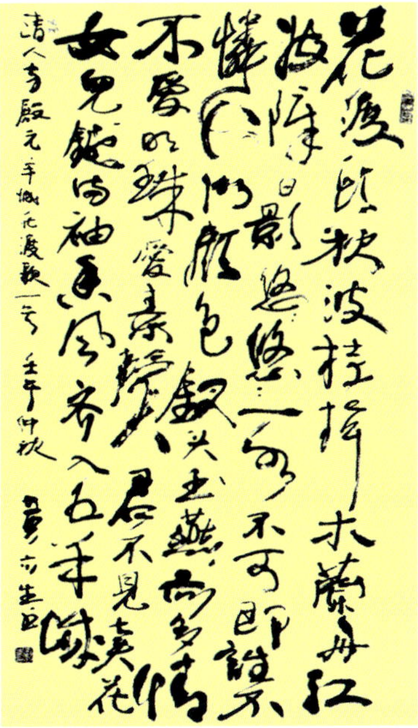

（清）方殿元《羊城花渡头歌》
（当代书画家黄亦生书法作品）
（广州市越秀区档案局供图）

（二）清代的双门底花市

广府地区的“年宵花市”，又叫“岁暮花市”或“除夕花市”。清同治、光绪年间，最热闹的年宵花市，即城区的双门底花市，已基本形成。

清同治十一年（1872 年）《壬申续修南海县志》载：“花市在藩署前，灯月交辉，花香袭人，炎敲夜尤称丽景。”“藩署”，即今北京路财厅前附近，此处记载的花市还不限于岁末，从“灯月交辉”的说法可以看出夜间花市的热闹非凡。据《广州城坊志》引潘贞敏的《佩书斋诗钞·花市歌》小序描写当年花市：“粤省藩署前，夜有花市，游人如蚁，至彻旦云。”如果是平日的花市，一般不会有“游人如蚁，至彻旦云”一说，可以据此推测出当时的藩署前花市已经向岁暮花市过渡了。这与宣统年间梁鼎芬修《番禺县续志》载藩署前花市“岁除尤盛”相吻合。

新中国成立前财厅一带夜景

（广州市越秀区档案局供图）

清末，藩署前已有了常年性花市。藩署前花市慢慢迁移和延伸，形成了双门底花市。双门底即今北京路一带，是广州城内的商业中心。由广州清代大儒陈澧亲自选取的“菊坡精舍”优秀课卷《菊坡精舍集》中，收有徐澄溥所作《岁暮杂诗》：“双门花市走幢幢，满插箩筐大树秾，道是鼎湖山上采，一苞九个倒悬钟。”从“走幢幢”可以想象当时花市规模盛大，人如潮涌，既然又是“岁暮”，可以推断出所交易的“吊钟花”即为年宵花。此诗作于何时无可鉴定，但徐澄溥是咸丰、同治年间人，而同治皇帝于 1862—1874 年间在位，该诗不可能晚于同治年间所写，也就是说，最晚 1874 年就已有年暮花市。到了光绪二十五年（1899 年），张心泰所拟《粤游小志》则清楚说明：“每届年暮，广州城内双门底，卖吊钟花与水仙花成市，如云如霞，大家小户，售供座几，以娱岁华。”从藩署前到双门底，从岁除尤盛到每届年暮，除夕花市在常年性花市的基础上粗具雏形。清光绪年间的天津举人冯向华有一首《羊城竹枝词》：“羊城世界本花花，更买鲜花度年华。除夕案头齐供奉，香风吹暖到人家。”他首次提到了除夕买花过年的习俗。

早期常年性花市以素馨花为主，到清末除夕花市时，开市时间由农历十二月二十四小年夜起至除夕，且规模渐大，品种琳琅满目，主要有当地传统的金橘、桃花、水仙、吊钟、菊花、鸡冠花等，市民购买这些花卉，主要用以兆示“吉祥”、“如意”和“好运”，也用以点缀家室新年的节日喜庆气氛。一张名叫《卖水仙花》的外销画所配的竹枝词写道：“宜春帖子烂云霞，爆竹声喧闹岁华；偏是热场翻似淡，家家盘供水仙花。”可见水仙花在那时极受追捧。

那时的双门底夜市灯火通明，喧嚣热闹，难怪清代诗人何渐鸿作《羊城竹枝词》赞曰：“茶商盐贾及洋商，别户分门各一行。更有双门底夜市，彻宵灯火似苏杭。”有这样浓郁的商业气氛，可以想象当年人们争相采购年宵花“度年华”的喜庆景象。

1919 年，广州拆城墙，双门底辟为永汉路大街，花市日趋兴盛，永汉路除夕花市便成为广州最早的、固定的年宵花市。花市时间也改为从农历十二月二十八开市，到除夕子夜结束，最多再延长一两个小时即自行散市。此例一直沿袭下来，至今不改。清末广州除夕花市除鲜花外不涉外物，民国以后，规模越发壮大，内容越发丰富，陆续添加字画、盆栽、古玩、金鱼、诗画等，这也成为日后的一种传统。今天，广东各地的迎春花市上总是有年货、杂玩与鲜花交相辉映。当时除夕花市还有一点与今天不同的是，花档多搭架在马路两旁，中间供人行花街，来往的人群常常挤得找不着北；今天则多中间搭架，两边行人，一进一出显得颇有秩序。那时花市开后，无档的花农花贩，也可随时携带花枝入场，站着兜售。

20 世纪 20 年代广州的主干道——永汉路

（广州市越秀区档案局供图）

抗战胜利后，双门底的花市南移到中山路口至西湖路口的永汉路段（现北京路），1956 年起又迁往教育路、西湖路，几经搬迁，西湖路花市现在仍然旺盛如昔，并且可以称为广州历史最悠久的除夕花市。

（三）民国时的浆栏路花市

一年一度的除夕花市最终定型于民国初期，西关的浆栏路花市是当时最具代表性的中心花市。西关南临珠江，东近西濠，江濠相通，航运便利，处于城西太平门外。清末以来，西关没有城门开关的束缚，在"十三行"一带商业的带动下，吸引了商业大户在此开设商号，渐渐成为广州城外的一个商业中心。民国时期，太平门外的浆栏路一派繁华。花市向来偏爱商贾云集之地，浆栏路及与之相连的南段呈曲尺形的打铜街商业兴旺，也就成为"除夕花市"的常办地，呈后来居上之势，在人气规模上超过永汉路花市。

浆栏路今天似乎默默无闻，清朝宣统年间之前也毫无富庶气象，只是一条"街"，而且原名"浆栏街"（据宣统年间的《南海县志》）。在一口通商的年代里，靠近十三行的浆栏街曾是为中外大小商船提供船桨的集市。后来因轮渡出现，船桨失去市场，街道上出现越来越多的药铺，浆栏街也在民国初期，约在 20 世纪 20 年代，改称浆栏路。这里当时已是药业云集，钱庄林立，布铺堂皇，周围聚集了多个广州商业系统中重量级的行业，比如东边有一德路的京果海味业、状元坊的刺绣业、西濠口的商店酒楼；南边有沙面附近的银钱业、杉木栏的纱绸业；西边有杨巷的匹头业、下九路的绸缎业、上九路的土布业和金铺业、德星路的百货业，是一个炙手可热的商业荟萃之地。

民国时期的浆栏路，尽显传统商业街市的风情
（广州市越秀区档案局供图）

浆栏路商家鳞次栉比，工商业者互做生意，应酬极为频繁。尤其年关将近，商场没有休假，一般要在除夕前完成年终结算。一般农历十二月二十八前后，一年盈亏已成定局，经营者遂把店面装饰布置一番，置办鲜花，以示除旧迎新，寄希望于未来。同处一个商圈，大户鳞比，望衡对宇，为免相形见绌，各商户不得不选取好花，摆个花局，以维持体面，这也是当时的行销、经营手段之一。一些实力雄厚的大商号趁此时机大摆排场，如十三行之钱银业、打铜街之大批发商以及一些大行庄，无不以花比美，争妍斗丽。

最常见的花局，是在铺面正中央摆一张八仙桌，系上红色的绣花桌围，放上插满花枝的花瓶，桌面上再搁些水仙花、糖果盒等。有条件的商家再挂几幅名家字画，借以显示店主人的风雅和阔气。没条件的也会用红纸写上几句吉祥的诗词或句子，张贴在店中适当的位置，使店面充满节日气氛。一些大户人家在家里也竞相陈设花局，在天井及两廊各一局，故一宅常有七八个花局，专摆牡丹者为牡丹局，摆墨兰者为兰局，以此类推。所需花卉来源已有花农承包，因此花农大有生意可做。

买花之风盛行，与当时从商者的迷信观念息息相关，不少老板认为企业得失盈亏和花的荣枯是互有关系的。因此，老板们对花的选购，绝少假手他人，多数亲力亲为。如果生意顺利，赚了一大笔钱，老板定是不惜费重资选购好花，希望年年如是，倘或遇上个口齿伶俐，能说会道的花农，多讲几句吉祥语而又和老板心中所想相吻合的话，老板就更加心花怒放，肯出高价买枝好花。如果某家生意平淡，甚至亏损，老板亦会忍痛买枝好花，希望时来运转，脱离厄运，从此生意兴隆，一帆风顺。老板都相信花开灿烂，一枝或一盆好花就是个好兆头，可以预示来年生意更胜一筹，如果所买之花开得不好，则有可能预示来年生意不景气。所以，年关买枝好花，就成为商家过年的必备节目。

正是有大批商家大户作支撑，浆栏路花市一直办得红火。除夕花市的鲜花，桃花、白兰、金兰、芍药、柑橘等最为普遍。一株中等桃花可卖数元（当时五六元就够一家人一个月的生活费），中上等的售一二十元，花农售出一株桃花，便可维持全家短期生活。若有应时的上佳好花上市，或运到香港卖出高价，一年茶饭都可以解决，所以花农肯下工夫栽植。除夕花市的大主顾，多半是有钱的企业主或店主，花市中最美丽、最名贵的花，多半是这些大户买去。也有些大户买了花却并不急着搬回去，而是在盛枝上挂上大红纸条，写着某商号某先生购下，以示“名花有主”，正所谓：“腊鼓频催花市闹，问谁折得一枝归?”

20 世纪初到 50 年代中期，广州的中心花市都在长 302 米、宽 12. 5 米的浆栏路举办。每年的农历十二月二十八开市后，一直到大年除夕深夜 12 点，或许延长到凌晨子夜一两点才花意阑珊，香散万户。浆栏路旧属太平警察分局管辖，花市期间该分局加派警察巡逻，仅维持治安而不作管理。花市场地清洁，初时向花档科派经费，由庙祝、更夫等清扫，后由警局向各摊档收费，由其派人清洁。浆栏路花市不像现在由政府组织，不可能搭建花档花棚，花农只是借用路边的铺面自摆自卖，中间也禁止通车，仅供行人行走，道路变得狭窄，花街上的人们来往如鲫，个个脸上喜气洋洋，笑面如春，饱吸着空气中的香氲喜气，挑拣着鲜姿怒绽的红瘦绿肥。那时民风已开，妇女可以在公共场合抛头露面，不过仍以青壮年为主。可以想象：男女老少穿梭、款行于长长的香海花街，简直是恍如梦里云乡的陶然盛景。这是西关人一年中最喜庆、最惬意的时刻。

1938 年广州沦陷，日本人对广州花市风俗不加干涉，沦陷 7 年期间，浆栏路等路段的花市依然保存，花市内，每个摊位从 1 米至 3 米不等，陈列吊钟、桃花、水仙、菊花等。即便是抗战时期，广府人除夕购花热潮依然很高，有老广州人曾回忆，那时候天天有日本飞机在头上乱飞，保不准随时就扔下颗炸弹来，但广州市民还是逛他们的花市买他们的花。不散的香云，在抗战烽火里笃定如常，那是广州花市顽强不屈的风骨。在特殊的历史时刻，花也携带上不同的寓意，买一枝好花，

20 世纪 30 年代一时髦少妇在花市上
（广州市档案局供图）

祈求横祸远离自己成为当时市民们普遍的心理期待。毕竟是在战乱时期，粮食紧张，不少花农转业，工商业也大多停业，花市交易难免有所下降，那时花也无常价。

抗战胜利后，1946 年花市市况平常。1947 年，大酒楼等大行业的厅堂出现大型花枝，每有高达丈余的花树，出现了高价花，甚至出现了“不吝千金买繁华”的暴发户。如 1948 年浆栏路除夕花市出现过一株号称“花王”的桃花，高两米多，蓓蕾满树，标价港币千元，半天便售出。买家是一银号，据说炒金发了，得意之间，最后以 400 元港币买下这株“花王”。买下后，这家银号用红纸写上“某号买下”，但却故意迟迟不来提取，以向人们炫耀财力雄厚。一些高价花还巧立名目，诸如“花魁”、“花王”、“泰斗”等，买家可以大幅度讨价还价。一般规格的桃花，上品者约百元港币，中品者七八十元，中下品者二三十元。

民国到新中国成立时期，广州的除夕花市主要是越秀的永汉路花市和西关的浆栏路花市两处，基本局限于摆卖鲜花，两者都是花农自发形成的，只是浆栏路花市更旺、更大，成为民国时期的中心花市。新中国成立前花市还有一大特色是，花的买主多为官僚、地主、豪商、巨贾，平民百姓因为日子过得不顺畅，也会买一些花卉装点年气，更多的是到花街走一走，将“行花街”当作迎新纳福的方式。

（四）新中国成立后的迎春花市

新中国成立后，广州除夕花市变成了一项政府主办的市政项目，由市人民政府主管副市长亲自挂帅领导，市工商行政管理局承办，1958 年还成立了“广州市花木公司”统一管理。迎春花市无论是规模还是内容，都迅速扩大和增加，获得了更长足稳定的发展。当年广州市市长朱光有诗曰：“广州好，花市百花开，除夕东风花共醉，芬芳盈掬挈春回，曙色破天来。”说的就是新中国迎春花市的新气象。

1. 新中国成立后，迎春花市规模越办越大

1950 年春节前夕，解放刚满 4 个月的广州，在浆栏路办起了建国后的第一个年宵花市，虽然当时仅有几十个花档，但政府设立了专门筹办机构，并规定在开市时间为除夕前三天，直至大年初一的凌晨 2 时前结束。1951 年，浆栏路花市扩大了，一直摆设到抗日东路（今和

平东路）、抗日中路（今和平中路）、十八甫路和光复南路。1953年光复路花市地段又扩大到杨巷路南段和装帽街一带。

1954年花市（广州市越秀区档案局供图）

1958年，浆栏路花市由于所在马路较窄，迁到了较为宽阔的时属中区的太平路（今人民南路，中区后并入越秀区），上九路口至晏公街口路段和大新西路一段，花档增到了200个左右。从腊月二十八至除夕夜，花市入口处有用竹竿搭成的牌楼，牌楼上首次使用“迎春花市”的名字，虽然此后“年宵花市”、“除夕花市”仍然被使用，但“迎春花市”越来越被人接受，而且成为统一叫法。牌楼两边贴有书法家挥就的春联，并缀以彩灯，辉煌壮丽。新中国成立前花市花档设在道路两边，来来往往的人流没有秩序，人们往往挤得团团转，有时寸步难行；新中国成立后花棚花档设在马路中心，用竹竿搭成，游人一律靠右边行走，简要地说是“花在中间，人走两边”，秩序相应的井然多了。花市场内还设有指挥部、医疗队，并设有广播，播放优美音乐和临时通知。买花者由过去以工商户为主转为以广大市民群众为主了。

1959年春节花市上的桃花档（广州市越秀区档案局供图）

花市消费还带动了盆景、金鱼、鸟类、年画、工艺品、陶瓷品等市场的兴旺，这些都奠定了以后花市的格局。20世纪五六十年代太平路花市可算是广州的中心花市，1966年还将大新路段的摊位改在大德路，摊位数量翻了一番。但很快“文革”到来，太平路花市被取消，“文革”后再也没能恢复起来。

永汉路（现北京路）年宵花市于1951年恢复。1956年，永汉路花市迁往教育路，此后基本没再迁址，成为广州迎春花市中地址最固定的一个。1966年，教育路“迎春花市”以展览为主，原定摆6天，结果延长了2天，共8天8夜，花市档口延长到起义路口及惠福路口，规模空前盛大，共322个展位档口供应各种时花及观赏植物，有桃花、梅花、木棉花、兰花、山茶花、菊花、荷花、牡丹、玫瑰、芍药、大丽花、金橘等百余种。花市高峰时人如潮涌，摩肩接踵，花市里红紫纷华，让人眼花缭乱。由于人潮拥挤，人们买了花枝花束，都要高高举起，否则就会被人挤落，空剩残枝。据统计，当年营业额达41万余元，比前一年全市4个花市营业总额还多一倍。

除了这两个历史悠久的花市外，广州其他花市越办越大。1957年，南区（今海珠区）新增迎春花市，设在同福西路；1960年又增设东区（今原东山区）迎春花市，地点在庙前街东山公园，该花市后来迁往东川路。至此，广州城区形成四大花市，每年互相媲美、互相促进，但亦各有特色。中区（今越秀区）太平路花市近芳村花地，取货便利，价钱便宜；北区（今越秀区）教育路迎春花市，人口集中，品种多，但价格稍贵；东区（今原东山区）东川路花市位于军政、教育界住宅区，多售上等花；南区（今海珠区）同福路花市在珠江之南，独当一面。同时，春节前几天，各区农贸市场和大街小巷也都摆满了鲜花，各大公园又同时举办迎春花展，整个广州成了一片鲜花的海洋。

1959年，单车和黄包车是到花市的主要交通工具
（广州市越秀区档案局供图）

20世纪五六十年代，不少党和国家领导人不时会突然出现在除夕花市上，与民同乐，给人们带来惊喜。1959年的春节前夕，朱德、林伯渠、郭沫若、董必武、陈毅等领导人曾经结伴同游西湖路花市。他

们诗兴大发，互相唱和，一时成为佳话。

2.“文革”期间，买花赏花变得偷偷摸摸

在“文革”风暴席卷华夏大地的时候，花卉被列为“封资修”的产物，划入“四旧”范畴，广州郊区和珠江三角洲的花卉生产基地的花木被大砍滥伐，居民的庭院、阳台均不准种花。1967 年春节，连续举办超过 100 多年的传统迎春花市停办了，一时间，可以说是“风生白下千林暗，雾塞苍天百卉殚”。广州市档案馆还保存有当年广州市委党组《关于一九六七年不举办花市问题的请示》的批复：经请示省委同意一九六七年不举办花市。

从 1967 年迎春花市停办到 1973 年复办，一般认为中间一度停办 6 年，但实际上只停办了 5 年。广州市档案馆保存的一份保密文件显示 1969 年广州曾举办花市，但规模很小，仅荔湾和越秀两个点。这份 1969 年 2 月 16 日的文件是这样记载当年花市情况的：近日来，郊区及附近各县的花农陆续进城卖花，到昨日已达到高潮。据初步统计，摆卖花档达八百一十五个，进城花农达三千五百五十多人……摆卖花档和参观群众都比较拥挤，尤其是荔湾区，共摆有花档七百五十个，花农三千四百七十人，原来指定的摆卖地点光明中路、光明南路已摆放不下，现已摆出浆栏路二十多公尺。从昨晚情况看，全市前往买花或参观的群众达八万五千多人，其中荔湾区近六万人，越秀区二万余人。可见即便是那样敏感的一个年代，还是抑制不住人们对花、对美的追求。这份文件是最早关于 1969 年西关荔湾区迎春花市的宝贵资料。可是紧接着的 1970 年，广州迎春花市在特殊的大环境下再度停办了。

虽然政府不再举办花市，但市民们还是抑制不住买花的需求，花农们也需要为生计着想，芳村花地曾出现过花卉买卖的自发市场。1970 年除夕，芳村有少数花农迫于生计，躲躲闪闪地拿些鲜花去花墟出售，市民闻讯，竟连夜渡江买花。尽管墟中架起高音喇叭警告：“买卖花卉是‘四旧’死灰复燃，请市民立即离开，否则采取革命行动。”但大家不加理睬，而是不顾一切把久盼的春色引回家里去。1971 年更是热烈，因为全市只有芳村花地一处有花出售，春节期间到这里买花的达二三十万人次。当时从城区到芳村需要坐船，每趟轮渡，工作人员都能捡到满满一筐被踩掉的鞋子，甚至有人被挤下水。可见当时市民们为买年宵花欢度春节的艰辛与疯狂。

1972 年 1 月 22 日广州市革命委员会文件颁布了《关于春节期间不搞花市及禁止农民进城销售花木的通知》："为了贯彻毛主席'艰苦奋斗，勤俭建国'的指示，破旧立新，移风易俗，过一个革命化的春节，决定今年春节期间不搞花市，郊区、两县及外地（包括集体和个人）一律不准在市内销售花木。"政治的强音带来的结果不仅是新年没有花市可逛，人们买花赏花也变成了一件偷偷摸摸的事。广州说书艺人颜志图回忆道："我记得'文革'开始'破四旧'禁止花市，1972 年除夕我跟众人一样怀着怀念的心情来到北京路西湖路附近，虽然我明知道没有花市，还是去那里走一走，我看见很多市民很惆怅。也有些花农悄悄地拿两只木桶浸着花去卖，检查队一来他们就赶快逃走。人们都希望能买到一两枝花回家插。"据说广州东山有位小学教师平生爱花如命，过年前她在郊外偷偷地买到一束鲜花，用布袋包着回家，用花瓶摆设，一遇有客敲门到访就立即把花瓶收藏到房间里去，不料因搬来搬去，竟不慎连花瓶也跌破了。历来绿化美化搞得非常出色的金花街，有位老阿婆因没有鲜花过年，感到异常冷清，只好插上一枝万年青来迎接新春。

1973 **年刚恢复的花市**（广州市档案局供图）

1973 年，停了两年的花市又重见天日了，广州市内四区（越秀区、荔湾区、东山区、海珠区）及郊区（芳村）都举办迎春花市，摆卖时间统一为节前三天。这一年春节前夕，董必武再度南行，他再次和广州市民一道到西湖路花市"行花街"，触景生情，感慨万千，以诗抒怀："除夕在羊城，重临盛会新。四时花似锦，万众面皆春。锣鼓喧霄汉，云霞出海滨。南邻庆胜利，举酒送瘟神。"（《一九七三年春节羊城重开花市》）

受时代风气熏染，“文革”前后举办的迎春花市充满了革命政治气息。如1966年，“文革”已蓄势待发，教育路的中心花市有一座11米高的造型火炬，炬身用700多盆金橘砌成，底座用40支日光灯和聚光灯做成光芒，再用鲜花砌成“将革命进行到底”7个大字围在底座上，花市上还有红军过雪山、狼牙山五壮士和非洲人民革命斗争为题材的盆景。1973年的五区迎春花市上到处悬挂有政治斗争的标语口号、宣传画等，高音喇叭不断播送着宣传“革命形势大好”的讲话、“革命歌曲”、“革命样板戏”选段等。1974至1975年仍旧是“认真贯彻十大精神，夺取更大的胜利”、“继续搞好上层建筑领域的社会主义革命”、“坚决贯彻四届人大精神”、“掀起社会主义建设新高潮”等巨幅标语。迎春花市那时成了宣传革命与政治的舞台。

1966年，“文革”前最后一届花市，用花卉搭建的火炬，显现出时代特征（广州市越秀区档案局供图）

3. 改革开放后，迎春花市迎来“怒放的春天”

持续十年的浩劫，无法把百花摧毁殆尽。1977年，广州迎春花市终于不用“犹抱琵琶半遮面”了。雨过天晴，花市又以崭新的姿态出现于珠江两岸，掀开了历史新的一页。三十多年过去了，历历数来，真可谓是“春满南国多少季，羊城花市几番新”。

广州迎春花市的数量越来越多。改革开放后，由广州市政府统筹安排的花市有越秀、东山、海珠、荔湾四大城区花市。随后，1982年黄埔区政府在港湾路正式举办年宵花市；1984年芳村区政府在陆居路举办花市；1986年新增天河花市，地点在禺东西路；2003年白云区首次举办花市，地点在棠景街远景路；2003年加上番禺、花都花市，已形成了10区花市。2005年区域调整之后，仍共设10个花市，除原越秀区和东山区两个花市保留越秀西湖和越秀东湖两个花市外，荔湾、海珠、天河、黄埔、白云、番禺、萝岗、花都等各区各设一个花市，至今未变。今日，每到年关，10 大花市，奇花争艳、万人争游，场面十分热闹。还有没纳入市政府统一筹划的南沙区、增城市、从化市和荔湾区芳村广州花卉博览园 4 个花市，以及越秀公园、烈士陵园、海幢公园、流花湖、荔湾湖等大小公园，无不在春节前后举办形式多样的花展、花会，共筑广州“花城”特色。

相应的，每年花市所设的卖花档位、花市面积、人流量和销售额都基本呈直线上升趋势，以 1979、1990、1999、2009 年为例：1979 年全市 4 大花市共设花档 2 347 个、游花市者 220 万人次、总销售额达 200 多万元；1990 年，全市 7 个花市共设 2 905 个花档、游览人次 361. 6 万、成交额 518. 4 万元；1999 年全市 7 个花市共设花档近 3 000 个、人流量 290 万人次、成交金额超过 2 000 万元；2009 年全市 10 个花市共设档位 3 262 个、人流量达到了 613 万人次、成交额 6 710 万元。因为迎春花市是在除夕前 3 天开始，也有些年份受到天气或经济危机的影响，花市人气受到一些影响，会出现比上一年下滑的现象，如 2010 年 10 大花市 3 天花市共设档位 2 737 个、人流量 379 万人次、成交额 2 450 万元，比 2009 年明显降低了很多，但这样的年份非常少。改革开放以来的花市总体走向是更热闹、更凝聚人气。

改革开放后，广州市迎春花市延续传统，摆卖时间一般为除夕前 3 天，但也有些年份、地区花市时间会延长，如 1994 年，芳村区迎春花市以花会形式举办，开设 6 天，越秀、荔湾、海珠、东山、天河、黄埔 6 区则举办 4 天；近几年，越秀、原东山、荔湾、海珠、天河、黄埔、白云等区迎春花市都统一为 3 天，原芳村、番禺、花都等地则举办 6 ~ 15 天不等。

1990 年越秀花市牌楼上的民俗风情和商业元素并存（广州市越秀区档案局供图）

如今，每每年关将至，羊城 9 区 10 大花市纷纷亮相，岁岁推陈出新，区区各展风采。各区花市在形式与内容上难免大同小异，如何办出本区特色，彰显本区文化品牌，成为众人瞩目的焦点。在此，不妨巡礼一番广州最具特色的越秀区的西湖路花市、海珠区的滨江路花市和天河区的体育中心花市。

越秀区是广州市老城区，既是省、市政府所在地，也是广州传统的商业中心区，人口密集，中山路、东风路、解放路等市区主干道都贯穿其中，地铁1、2号线也在该区交会，交通便利，客源充足。西湖路花市举办历史最悠久，其前身是清中期的双门底花市，算来已有一百多年历史，且长盛不衰，以游客多、人气旺、年味足形成自己的品牌特色。

天河区成立于1985年，迎春花市则始于1986年，天河区的花市近年多设在体育中心，是广州最大的花市。随着广州城市发展的东移，天河区花市2000年取代西湖路花市成为广州中心花市。天河是新城区，天河区花市年年都是最时尚人士的必逛花市，高档花卉品种在这里最受欢迎。

2009年天河区花市门前“牛”气冲天
（广州市档案局供图）

海珠区迎春花市始于1958年，近几年设在滨江西路（人民桥至解放桥路段）、宝岗大道（滨江路至南华路段），是全市唯一一个滨水而设的花市，拥有浪漫开阔的无敌江景，衬托出海珠花市的特色，游人可以边行花街边赏

2002年海珠区花市牌楼（广州市档案局供图）

珠江美景，别具水滨风情。

除这三个花市之外，其他区的花市也独具特色。如荔湾花市彰显的是西关风情，芳村区虽在2005年并入荔湾区后，不再由政府统一部署花市，但芳村作为广州最负盛名的花卉生产基地，本身就是一个永不落幕的大花市。位于该区的广州花博园每年仍旧举办迎春花市，不以卖鲜花为主，而专卖盆花和进口花，显露出与其他区花市不同的特色。

经过多年的经营，迎春花市已经成广州一张亮丽的城市文化名片，一个有口皆碑的城市文化品牌。自2004年起，中国国际广播电台每年都会在年三十当天，以客家话、闽南话等63种语言向全世界播报广州花市的消息。2005年11月8日至2006年1月8日，由广东电视台、羊城晚报、广东电台与TOM网新闻中心4家媒体联手举办的“打造广州城市名片活动”，共吸引了超过70万人次以网络、短信、邮寄等多种参与方式投票，选出了最具代表性的8张广州名片。分别是：广州经济名片——广交会；广州文化名片——陈家祠；广州历史名片——中山纪念堂；广州人物名片——孙中山；广州生态名片——白云山；广州旅游名片——珠江夜游；广州美食名片——老火靓汤；广州另类名片——迎春花市。8张名片，仿佛8颗熠熠生辉的明珠，闪亮羊城。另类名片中，与“迎春花市”同台竞争的是“西关小姐”和“骑楼”两个候选项目，迎春花市以得票3 733张，占总票数的60.2%胜出。

2009年6月23日，“祥和广州”十大城市文化名片第三方公益评选活动，在广州五仙古观正式启动并公开推介。这是一次高举“盘整城市文化遗产，激活城市无形资产”旗帜的城市主题文化公益活动，跟一般由地方政府来主办传统意义上的“城市名片”评选活动不同的是，本次评选活动是由香港中国城市研究院、广东省食文化研究会、《市长》杂志社牵头，联合广州青年商会、广州动漫行业协会等机构，组成第三方公益评选组委会。为确保评选过程的公信力，组委会委托指定与“祥和广州”无直接关联且自身并不上榜参选的21cn为指定网络媒体投票网。围绕城市名片评价的“特色度、首位度、知晓度、美誉度”，最终的评选结果采取网络结果占60%，社会调查占20%和评选组委会专家意见占20%的方式进行计分，以选票数最高为100分参照系，总计分数最高前10名为最终获选结果。2009年11月12日，经过广大网民、市民和专家近4个月的投票评选，“祥和广州”十大文化名片决出，按得分高低排序为：食在广州、孙中山、粤剧粤曲、五羊衔谷、迎春花市、广州骑楼、潮爆粤语、云山珠水、陈家祠和海上丝路。“迎春花市”位列第五。

迎春花市作为广州城市文化的经典名片，足见其在广州人心中不可动摇的地位。

四、香飘四邻皆是春

——穗外花市的区域特色

“行花街”是广府地区最有代表性的民俗之一。所谓“广府”，泛指整个操粤方言的地区，过去习惯上又分为“上四府”与“下四府”。上四府包括：南（海）、中（山）、番（禺）、顺（德）；下四府包括：台（山）、开（平）、恩（平）、新（会）。其实，操粤方言的地区还有肇庆、湛江、合浦（过去属广东管辖）和广西的南宁、梧州等地区，其人口占广东人群结构的70%以上。这些地域基本都有迎春花市。

广府民俗文化并非均匀地呈现于各个区域。以广佛地区为中心的珠江三角洲，是最具代表性的广府民系核心区域，他们在文化上同源同根，在民俗上同形同貌。这里行花街的人气最旺盛、历史最悠久。广州、佛山几乎大城小镇均设花市，而且历史都逾百年，两地花市的内容基本没什么差异，人们对行花街的热诚度也最高。

迎春花市在广东的分布，就表现出由中心源头向周边区域渐变的状态。以广佛为中心源头，一个城市离广佛核心区越远，其广府文化的特征就越淡，过渡性的状态就越突出。距广州、佛山越近的城市，其迎春花市的数量越密集，迎春花市的内容越相似，迎春花市的历史越古老，反之亦然。

如靠近广府文化核心地区的东莞、深圳等地的大型迎春花市起步较晚，但规模逐年扩大，进展迅速，渐渐形成自身的特色；地处广府文化亚文化区的粤西、粤北等地，与广州距离较远，但与广府文化有着地缘、血缘、亲缘的密切关系，所办的迎春花市也有一定的规模和人气；距离广佛两地更远的潮汕、梅州地区以及海南、广西等地，具

有自身的区域文化，但迎春花市也一直很旺。比如梅州自 1985 年春节举办第一届迎春花市以后就越来越盛大。

花花世界本大同，迎春花市还携带着喜气、瑞气与和气，一路开枝散叶，延伸至外省，甚至美国、加拿大、新西兰等国家的华人聚居地，真正将近邻远亲连成一片。迎春花市不再独属羊城，不过，“唔（不）行花街唔算过年”的现象，只是广府人才认同的年俗文化。同属一个民系，广府各城市既血脉相通又各具特色。以佛山、东莞、深圳、港澳等地为例，这些地区的迎春花市在规模、人气、特色上都值得一览。

（一）佛山迎春花市

佛山与广州地缘相接，且都曾属广州南海县管辖，因此两地心脉相承，文化同根，同城一体化的历史源远流长，共同构成了广府文化的核心区域。花开两城，各表一枝，岁暮“行花街”风行广州百余年，同样也在佛山流布甚广，相沿成俗，经历了从民间自发组织到政府牵头举办的过程。如今，不仅佛山 5 区（禅城、南海、顺德、三水、高明）办有规模可观的迎春花市，一些镇街社区如南海的大沥、丹灶，顺德的大良也纷纷设置小型花市。佛山的爱花、赏花、买花之风丝毫不让省府广州。

2011 年佛山市文华路花市牌楼（谢中元摄）

佛山的花市历史悠久，起源于宋代墟市。至明初，佛山已有三墟六市，包括塔坡墟（又名普君墟，现普君市场）、表冈墟（又名大墟，现莲花路、莲花市场）、盘古墟（现汾江河以南，南堤路）等。早期的墟市与寺庙、庙会关系密切，塔坡墟和盘古墟都在寺庙前，寺庙经常举行庙会等活动，吸引了大量人流，也催生了买卖商品的墟集，寺庙周围成为经济、文化中心。频繁的祀神活动，刺激了对鲜花等祀神用品的需求，吸引着花农前去卖花，表冈墟就以花卉买卖为主。光绪年间增至十三墟十五市，民国时又新建了普君新墟、太上墟等。

佛山墟市的壮大、商业的成熟，把豆豉巷、升平街和筷子路一带变成当时最繁华的商业街、最中心的区域。这里店铺林立，车水马龙，人气旺盛。每临春节，四方的花农自发聚集于此摆花卖花，来这里买花、赏花的人们也络绎不绝，渐渐发展为除夕花市。商业的旺盛，使升平路成为佛山最早修建的马路，1936 年 5 月 10 日，南海县政府在升平路举行了马路通行典礼。随后，抗日战争爆发，工商业凋敝，民不聊生，升平路花市一度中断。新中国成立后，升平路一带的花市重聚人气，一家大小行花街、赏靓花，渐渐成为佛山重要的春节习俗。

20 世纪 60 年代前期，花市逐渐移到莲花路至福贤路石巷口之间。1966 年文化大革命开始，花市被归入“封资修”予以中断。1970 年 2 月 4 日，佛山市革命委员会专门发通知禁止拜年、买花等活动。1973 年邓小平复出，佛山市革命委员决定在福禄路重开花市，卖花者均为附近乡民，花的品种也比较单一。直到改革开放的号角吹响，外来人口逐渐增多，市民年节购花时间不断提前，福禄路花市的人气才有所提升。据六十多岁的佛山摄影家杨耀桐回忆，1985 年的福禄路花市全长不到 1 千米，一条电线从街头拉到街尾，每一小段设一电线杆，上面挂着一个灯泡，周围没有什么装饰，更没有摊位、广告、工艺品、年宵品，农民都是自发过来摆卖花果。花市虽简陋，行花街的市民却络绎不绝。

此后，佛山中心花市几易其址，不断南迁，既述说着岁月变迁的沧桑，又见证了都市的升级巨变。

1986 年 1 月，佛山市汾江区政府决定，将迎春花市从福禄路迁至更为宽阔的体育路。随着经济发展重心的南移，城市

1989 **年佛山市体育路迎春花市**（佛山本土二千沙龙社区 anibolaze 供图）

发展规模的扩大，体育路越来越暴露出道路狭窄、停车困难、疏散通道不足的问题，严重限制了中心花市的扩展。2001 年花市南迁至普澜二路，普澜路花街长 670 米，尽管距离不长，但位于市中心城区，北临祖庙，东近通济桥，笼括佛山的传统文化于一身。市民吃完年夜饭后，可以一气呵成地行花街、逛祖庙，正月十六又续接“行通济”民俗。一逛双行，承载了佛山大众的祈福传统，维系着广府民间的精神信仰。举办 7 年以后，普澜路花市急剧扩张，人流大幅增加。场地局促，交通阻塞，不堪重负，困扰体育路的问题，再次横亘在普澜路花市面前。

佛山中心花市于2008 年再度南迁至文华路段。花市选址文华路，曾引起各方争议，但最终尘埃落定，标志着禅城区往南发展的趋势不可阻挡。文华路串接禅桂交通，联结新旧城区，视野开阔，进退舒展。北接季华路口、南至绿景路口的文华路花市，全长 1.2 千米，是普澜路花市的 2 倍，人流量也超过 50 万人，再加上仍在老城区松风路的副花市，佛山花市一跃而入广东大型迎春花市行列。除此之外，文华路花市首次采用不锈钢、铝合金等材料搭建固定棚架，结束了普澜路“竹搭摊位”的历史，同时首次增设了年货区、饮食区、文化区，将粤剧粤曲、“财神”派利市等传统文化搬进花市。

2003 年佛山市普澜路迎春花市（佛山本土二千沙龙社区 20050517 供图）

如今其他各区也早已办起迎春花市，其中“千年花乡”陈村的迎春花市规模最大，特色鲜明。早在咸丰年间，陈村镇的佛沼村就已出现摇船卖花的流动花市，花卉交易初步萌芽。1981 年，陈村花卉种植面积达到 30 公顷，陈村镇政府为打开花卉的销路，组织 4 家集体花场和 40 余户业余花农，在公社的灯光球场策划举办了第一次迎春花市。

此次花市规模虽小，档次不高，但却开启了一段崭新的历史。1982年、1983年的陈村迎春花市因故没有统一组织。1984年，陈村镇政府出资在广珠路陈村段举办了首届迎春花市，自此陈村花市一届胜过一届，绵延15千米的“花街”形成了一道亮丽的风景线，每年吸引百万以上的游人赏花、买花。

1999年是一个转折点，陈村建成“陈村花卉世界”，在专业平台、市场机制的综合运作下，陈村迎春花市进入腾飞状态。花卉世界的迎春花市占地总面积为12 000平方米，再加上从佛陈公路两旁绵延十余千米的绿色走廊，6.52千米的花卉大道，散落在陈村的每一个花场、每一处风景都令在此举办的迎春花市独具特色。如今，陈村近60平方千米的土地上，处处花木飘香，已成为远近闻名的花卉集散地。借此天时地利人和，2011年春节前举办的陈村迎春花市堪称中国最大的迎春花市，逐步走向世界。

（二）东莞迎春花市

东莞，一座改革开放发展中的明星城市。经过30多年的加速前行，东莞已由一个地道的农业县蜕变为一座充满现代化气息的新城。北邻广州，南接深圳，现辖28个镇，市区划分为莞城、南城、万江、东城4个区。历史上东莞属南海郡番禺县地，也曾分属增城，是广府文化区域的重要城市。现在东莞以外来工为主力，户籍人口达180万，外来务工人员超过600万。这座城市年轻人多，外商聚集，是珠三角的活力之都。

在迎春花市风行于珠三角的时候，东莞民间花市一直方兴未艾。一些以种花为营生的农民自发聚集在一起卖花，久而久之便形成了一条条花街，比如莞城东正花街、南城胜和花市、旗峰花街、东城下桥银丰市场，另外还有船载鲜花、流连于河上的水乡花街，都成为市民购买年花的佳处。东莞从春节等一系列的传统节日中寻找灵感，举办了大量的群众性节庆活动，像卖身节、桥头荷花节、洪梅花灯节、望牛墩七夕风情节等拥有众多拥趸者。2002年，东莞借鉴广州模式，举办首届大型迎春花市，迄今为止已在市区举办了九届。除了市区，东莞各个镇几乎都设有迎春花市，一些较大的村（社区）甚至还举办单独的花市。行花街，买鲜花，本就是莞人追求幸福、体味温馨的一个传统。

东莞的迎春花市虽然起步很晚，但是发展很快，经多年积累形成了自身特色，每一年的迎春花市为期 6 天。在广州花市，市民多是吃完年饭后，顺便到花市走走。而东莞市民购买力强，行花街的目的性鲜明，多是直接来花市选购需要的花卉，然后搬回家增添过年气氛。每一年，行花街的人数都在 20 万人以上，其中不乏大批外来务工人员的身影。迎春花市作为东莞人迎新春的民俗，每一年都有新亮点，规模逐年扩大，品种不断增加，档次逐步提高。

东莞市民逛花市（a-beyondlove 摄）

2002 年东莞迎春花市在南城区东莞国际会展中心附近举办。2005 年首次采取市场化运作方式，由专业公司进行专业化策划组织和运作管理，地址搬到了中心区元美东路、会展北路、簪花路等路段，面积扩大到 3 万多平方米，设有近 300 个展位，参展品种除了大量的年橘、花卉之外，还有节庆用品、鱼虫奇石、工艺品等，花市期间还举办了花王评比等活动。2006 年，东莞迎春花市位置没变，分设年橘、花卉植物、节庆用品和陶瓷 4 个展区，花市 6 天内逛花街的市民超过 30 万人次，创下新纪录。2008 年，东莞迎春花市于 2 月 1 日至 6 日，在元美东路、会展北路、簪花路等路段举行，每天上午 9 时至晚上 10 时开放。展场路段长约 3 千米，面积约 3 万平方米，设大型特殊展位 400 个，共划分年橘菊花展区、高档花卉展区、节庆用品展区 3 大展区。这次花市有 100 多个类型，3 000 多种花卉同时争艳。高档花以君子兰、蝴蝶兰、韩国兰等为主，还包括一品红、观赏桃花、泰国吊兰等。

由于老路段地点兴建一些建筑，已不适合举办大型花市。2009 年，东莞迎春花市于 1 月 20 日至 1 月 25 日转移至南城元美路和元美中路举行。花市为期 6 天，每天从上午 9 点开始至晚上 9 点结束。展览面积 3 万平方米，共设大型展位 300 多个，有来自东莞、顺德、中山、广州、深圳、珠海、汕头、韶关以及江西、山东、河南等地的250多家参展商，展销花卉植物约有100多类，近200个品种，参观市民达到了23万人次。

尤其值得一提的是，每一年花市正门主入口设计搭建了造型喜庆吉祥、庄重气派的大型牌楼，古典风格十足，大方别致，雍容华贵，成为春节期间节日气氛最为浓郁、最具观赏性的景点之一。

2007年东莞迎春花市牌楼（a-beyondlove摄）

东莞各镇街的迎春花市热闹非凡。曾被称为“广东四大名镇”之一的石龙镇一直花事不断，2009年1月15日，石龙镇整合所有零碎、分散的花市，在青林路（与方正路口交汇处）举办了首届大型迎春花市，设摊档超过130个，古镇花街也呈现出时尚风貌。2010年，各镇街花市“八仙过海，各显神通”，引来无数本地街坊行花街。道滘迎春花市设在西部干道道滘段旁，面积约为4公顷，设有年橘区、年花区、春联区、鲜花区、大学生创业区等，其中大学生创业区有30个9平方米的摊位。长安迎春花市在该镇中心区锦绣路和西安路举行，花市展区面积达1.2万平方米。展区分年橘区、高档花区、学生创业区及陶瓷区四部分。各镇街纷纷为青年学子提供练摊的机会，有了这些年轻的身影，大小花街无不被布置得喜气靓丽，洋溢着浓浓的节庆味道。

2009年东莞迎春花市（珠江水草摄）

（三）深圳迎春花市

深圳，一座典型的移民城市。它用30年创造出令人炫目的经济奇迹，也用同样的时间沉淀了幽香无比的民俗文化。因其独一无二的特殊性，迎春花市在这里有了新的诠释。深圳的迎春花市起步晚，但是春节期间买花赏花的习俗由来已久。改革开放前，每临农历新年，一些墟镇都会设立零散小型的花摊和花墟，村民自发摆卖从山上采来的吊钟花和桃花。1980年8月深圳成为经济特区，城市建设大步迈进，1982年深圳聚集了大量来自全国各地的建设者，其中以广东人居多。考虑到广东人过春节都有行花街的风俗，深圳市政府决定组织迎春花市，为在深圳过年的人们打造观花赏景、买花祈愿的花街。深圳的迎春花市一出生就带有广府文化的鲜明“胎记”。

第29届深圳迎春花市牌楼（坚少摄）

1982年1月1日，由深圳市花木公司、南海县外贸局、顺德县花木公司、东莞县虎门林则徐公园等9家单位联合举办的深圳第一届迎春花市在新园路开幕。当时设有100个档位，主要展销朱砂橘、四季橘、菊花、兰花、芍药、牡丹、海棠以及福建茶、九里香、石山等盆景，共40多个品种、8 000多盆件。首届花市上有2万人次行花街，成交额达10万元。1986年以前，花市分别由深圳市农业、工商等有关部门组织，从1986年开始由罗湖区承办，建设路、工人文化宫、滨河东路、嘉宾路、人民南路、东门南路等地先后成为花市的举办地。1998年花市选定在长达800多米的爱国路举办，从此这里便成为深圳每届迎春花市的固定举办地，而且是最大最热闹的花市。

外来移民持续涌入，成为深圳人口的绝对主力。留在深圳过年的人一年比一年多，花市越来越受到普遍的认可，带动着花市开枝散叶，遍及全市。除了一枝独大的罗湖区爱国路花市外，福田花市、南山花市、宝安花市、龙岗花市也纷纷登场，各区市民得以就近行花街、买靓花。传统的年橘、菊花、大丽花、桃花等，都是深圳市民春节必选的品种。花市规模越来越大，花卉品种越来越多样，买花赏花成为深圳人必备的新年大餐和迎春风尚。

深圳花市的花源经历了从依靠外地引进到逐步本土化的过程。2010 年 1 月 15 日，往年只服务于批发商的西丽片区花卉基地向所有市民开放，这个花卉种植基地面积超过 60 公顷，是深圳目前最大的花卉生产基地。其兰花产量居深圳首位，其中蝴蝶兰占深圳的 70%，大花蕙兰占深圳的 50% 以上。西丽花市成为深圳市第一个最大规模的基地式迎春花市。来自世界各地 200 多个种类、5 000 多个品种的数十万盆应季花卉和盆景、妖娆俏艳的各色奇花异草，将从沙河西路同发路口至西丽果场荔枝世界正门的“十里长廊”装扮成缤纷的鲜花海洋。五千米的长廊两边集聚着西丽果场、金南国、爱绿、中科园林、深港花卉中心、百花庄园林、富田园林等花卉基地。正可谓：“十里花街香气袭人，鲜花绽放满城沉醉。”十里花廊现在不仅成了市民买花的热地，也是平时赏花休闲的主要场所。

花市上人们将花托在肩上（谢中元摄）

30 年来，大量外来新移民在深圳入乡随俗，举家老少兴致勃勃地行花街、赏靓花，不少香港市民也来深圳逛花市。行花街民俗深入人心，年味十足、善于创新是其重要原因。在深圳几大花市上，呈棋盘状悬挂着大红灯笼、中国结之类的火红饰物，倒贴的“福”字、吉祥的对联随处可见。花市的入口处立着金碧辉煌的传统牌楼，牌楼前设有当年的生肖吉祥物，在花环的陪衬下壮观而喜气。2006 年的吉祥物是三只卡通祥犬，取其“新年花满堂”之意，象征兴家旺财，再配以牌楼上的“旺”字，彰显祈福送福、旺上加旺之意；2007 年是两只吉祥小猪，用“和和”、“谐谐”命名；2008 年牌楼门口立着一只具有传统剪纸特色的小老鼠，与花市后门一只高举火炬的卡通鼠遥相呼应。每一年均能切合年宵特色，弥漫着“人面桃花相映红”的吉祥气氛。

深圳花市善于创意，尤可称道的是利用高科技，将上过太空的花种培养成花期长、花朵大、花色亮的花卉，成为花市上的看点。“敢为天下先”历来是深圳的城市性格。2004 年第 23 届迎春花市，深圳开创全国花市铺位拍卖的先例，将 1 031 个铺位全部拍卖，花市也迅速升温。各个花市每年的活动内容与特色各不相同。罗湖、福田花市地点颇为集中，南山区花市设有多个花市点。以 2005 年为例，罗湖区的花市分为盆花、鲜花、陶瓷、工艺、春联、美术品等多个区域，各类花卉品种达到 100 多类 5 000 余种，约有 100 多万人赏花、购花。而在福中一路举办的福田花市主要以花卉为主，展位面积达 2 万余平方米，7 天内有近 200 万人光顾。南山区花市分时花、年橘、春联年画、鱼鸟工艺品 4 个展区，拥有南山文体中心、蛇口广场、南山市场、前海公园等多处分点，共迎来约 70 多万游客。2010 年全市各区除光明、坪山新区外，均举办了迎春花市。

2011 年深圳爱国路迎春花市牌楼（林小二摄）

近年来深圳市每届花市人流都在 300 万人次以上，成交额逾亿元。迎春花市已成为深圳每年春节的亮点，临近年关，深圳大街上的人越来越少，但走进花市却人声鼎沸、摩肩接踵，仿佛整座城市的人都聚集在这里，真是应了那句诗：“疑是层峦采蜜使，幻成百万看花人。”

（四）港澳迎春花市

在小说里，香港是张爱玲笔下悠悠燃着的沉香炉屑；在广告中，香港是时尚达人趋之若鹜的购物天堂。生活中的香港，汇聚中西文化，缭绕着独特的人间烟火。传统文化保留完好的香港是岭南花市的重镇，港人特别喜欢行花街，从年前一直行到元宵节。每年在维多利亚公园举行的花市都会吸引100多万国内外游客参与，在国际化背景下骄傲地闪烁着本土文化的光辉。

香港维多利亚公园年宵花市入口（常青树博客供图）

香港与广州毗邻相望，面朝南海，温暖湿润。因位于北纬22度，亚热带海洋性季风气候更为凸显，全城四季花开，香盈四野。香港还和广州一脉同源，早在1840年第一次鸦片战争以前，香港就隶属广州府宝安县管辖，虽因英国割占而中断，但两地经济文化上的交流并未受到阻隔。香港受西方文化浸染，有着丰富多彩的西式节庆。但香港居民以广东人为多数，讲究“意头”文化，保留了广东的许多习俗和节日。行花街，这个遍及广府的民俗，也是香港人过春节的传统。

香港市民在除夕之夜逛花市买年花，已有百余年历史。富贵彩头旺商机，香港以粤语为主，“花”与“发”读音相近，含有发财及繁华的意思，家里插花可以为全年开好运，春节期间家家户户和商厦店铺都会摆放年花，祈求好运。特别是大年三十晚上，“吃过团年饭，花市走一遭”已成许多香港家庭的固定活动。各个花街热闹非凡，人满为患。市民行走于各个花市，购得水仙、剑兰、牡丹等心头之好，取其“花开富贵”的寓意，用鲜花装点家居、扮靓生活，还特别享受行走在花丛中的快乐与美好。这一点和广州、佛山等地居民毫无差异。

香港迎春花市习称“年宵市场”或“年宵花市”，一般分处举办，多设于公园广场、游乐场、运动场等，不占用马路干道。年宵市场上既卖鲜花果木，也售年货饰品。只是20年前销售花卉的摊位占2/3左右，现在售卖干年货和进行商业宣传的摊位逐年增多，致使花品已下降到1/3左右。但香港市民对年宵花的喜爱丝毫未减，市场上主打的贺岁鲜花以传统的年橘、桃花、水仙花、银柳、菊花、凤尾、大丽花、

蝴蝶兰、乳茄等为主，每种花都被赋予了美好的含义，各花争奇斗艳，绚丽缤纷。花市里最受香港人欢迎的非三种花莫属：桃花——带来“桃花运”；带叶子的柑橘——代表姻缘“开花结果”；而商人则最喜欢挑选硕大的金沙橘，代表生意“大吉大利”。另外，代表“金银满枝”的银柳、象征“红红火火”的凤梨也是花市上的热销品种。

香港花市特色鲜明，其中一个就是香港寸土如金，大部分年宵花还得由内地及国外供应，只有1/3的花木由本港生产；另外一个是香港商业文化气息更为浓厚，愈来愈多的香港青年和学生们尝试在年宵花市以低成本创业，一些商业机构也为此积极提供赞助。青年人丢下繁忙的工作或者忙碌的学业，三五成群地在花市内充当流动小贩，拿着各种各样稀奇古怪的商品大声吆喝，在喧哗嬉闹中度过开心的夜晚，这已成花市上一道亮丽的风景。

香港年宵花市上的热闹景象（常青树博客供图）

香港年宵市场分布于14个地点，分别是铜锣湾维多利亚公园、九龙旺角花墟公园、新蒲岗东启德游乐场、长沙湾游乐场、观塘游乐场、沙田源禾游乐场、大埔运动场、上水石湖墟游乐场、荃湾沙咀道游乐场、葵涌运动场、屯门天后庙游乐场、元朗东头工业区游乐场（2004年以前是安兴游乐场）、将军澳公园、西贡万宜游乐场。其中最大、最热闹的是香港铜锣湾维多利亚公园，每年从大年二十九开始就人头涌涌了。

维多利亚公园年宵花市已有40多年历史。该公园建于1955年，1957年10月启用后以英国维多利亚女王（1837—1901年在位）命名。公园位于香港柏宁酒店入口对面，占地1.2公顷，呈方形。造园的设计上以英国传统风格为基础，吸收了中国园林自由式布局的手法，形成了半规则半自然式的中西合璧园林。作为香港岛最大的一处公园，以体育运动场地为主，有游泳池、网球场、足球场及其他球类场地，设施齐备，环境清新。每当农历新年临近，广场上即分行搭好临时店铺，数百个摊档有序并挨，形成若干平行的街道，花市上鲜花、年货、饰品等应有尽有。2006 年至2009 年连续4 年，香港特首曾荫权与太太曾鲍笑薇都到维园花市与市民共行花街。特别是 2009 年，维园花市昼夜人山人海，除夕之夜约有 35 万人次进场。2010 年该花市延续 6 天，共设 475 个摊位，银柳、年橘、桃花、百合、水仙、蝴蝶兰等依然是市民的最爱。

除了 14 个室外的年宵花市，设于室内的年宵花市近年也在香港流行起来。一些大型商场，如香港会议展览中心、旺角的新世纪广场、将军澳新港城等在春节前纷纷举办大型室内年宵花市。市场上花卉虽不占主体，但仍营造出“桃红橘黄兰花艳，五彩鲜花满场春”的喜庆气息。此外，全港各区的花店、花档、超市连锁店在春节前一两个星期内都会摆卖鲜花，有些花贩甚至利用空置屋地销售年花，这些分散在居民社区的售花点不计其数。

与香港一样，澳门虽然华洋杂处，但非常重视中国传统的春节，一直坚持举办年宵花市。澳门花市设于人流汇集的地方，一般在春节前三天开市。花市上摆满盆橘、水仙、桃花、盆竹等，寓意花开富贵，竹报平安，兆示着新一年的美好前程。游逛花市，赏花购花，遂成为近百年来澳门除夕夜辞旧迎新的传统习俗。

澳门花市的常规地点在议事亭前地及嘉模墟。议事亭前人流畅旺，十多年来花市不辍，同时也是贺年灯饰的观赏胜地。春节前，此地四周的葡式建筑文物一般都配上别致、传统的灯饰，市场内挂满喜气十足的红灯笼。正式亮灯后，市民可一边欣赏灯饰，一边步入年宵市场。举目四顾，处

2010 年澳门年宵花市入口处（网友 wshtzj 摄）

处张灯结彩，人潮涌动。

与香港相比，澳门花市规模要小许多，但两地用鲜花瑞木兆示美好前程的愿望一致。2007 年澳门民署在议事亭前地设年宵花市，共设 18 个摊档，营业时间由农历年二十七上午 10 时至年初一凌晨 2 时。2008 年的年宵市场连续营业 4 天，至年初一凌晨结束。议事亭前地设 16 个摊档，以售卖年货、应节饰物、礼品为主，同时友谊广场新增 6 个专售年花、盆橘的摊档。2009 年，因议事亭前地列为“世遗”景区，旅客及游人增多，加上年宵花市摊位近年均递减，年宵花市迁移至塔石广场举行，经营时间延长 3 天。

澳门居民称逛年宵花市为“行花市”，除夕夜吃过团年饭，一家大小齐齐往年宵花市，给奔波一年的身心带来慰藉。市场上的鲜花摊档以售卖年橘、水仙等花木为主，多为轻型小巧的鲜花，少有“重量级”盆栽。除了各种年花之外，还有各式贺年物品以及富有中国民间特色的年画档，都是引人驻足的风景，特别是中国结等吉祥物十分畅销。总之澳门人“行花市”注重“意头”至上，冀望取个新年好兆头。

五、三日璀璨不易得

——十里花街的精搭细建

新中国成立前，广府花市是自发形成的。花农、花商自摆自卖，市民、游客自觉参与，一切自然而然。新中国成立后的花市由各地政府牵头筹办，这是一项浩大的市政工程，更是广府民众的浓情期待。每年 10 月份左右，各地政府就会召开新年迎春花市的筹备工作会议，成立花市办公室，部署相关工作，比如：确定迎春花市的主题、举办的地点及时间、各花市的规模、花市上的贺年活动等，当然还包括明确各部门的职责分工，尤其对花市的管理与安保工作作出规定。

十里花街，三日璀璨。常常有人将广府的迎春花市和中央电视台的春节联欢晚会相提并论，两者均属老百姓的“年夜大餐”，需要花费大量的时间、精力、金钱精心“烹制”，备受瞩目。和室内的“春晚”相比，举办迎春花市更能考验地方政府的智慧。几百万人共同逛花市，这是现场的节日狂欢，每一个环节都不容闪失。没有周密的策划、组织和运筹，花市将千呼万唤难出来。

（一）花市选址有讲究

花市选址要考虑很多因素，要有街市的气息，要有醇厚的历史，又要让人们行得安全、便利。若能兼美，善莫大焉。有些花市场址较固定，已经形成了独特的品牌效应，有的新址还需要凝聚足够的人气。

年味浓郁、历史悠久的老区花市，深受人们喜爱。这样的花市设于老城区的交通要道，周围社区林立，商业繁华，交通成熟，人们来去方便，易于积聚人气。在马路中间背对背搭建两排花棚，沿路延伸，成一长列。广州市越秀区的教育路、西湖路，海珠区的滨江西路和宝岗大道，荔湾区的荔湾路，佛山市的普澜路，都是颇有历史底蕴的花市举办地。这类花市被称为“老街市型”花市，寄寓了广府人的深厚感情，但多属占道经营，一般除夕前10多天就要封路，变身为封闭式的步行街，难免影响了街区商铺经营和交通出入，而且存在一定的安全隐患。广州的西湖路花市、佛山的普澜路花市都曾遭遇生存尴尬，撤不撤，迁不迁，曾一度在社会上引起很大争议。

海珠区花市夜景（龙建平摄）

安全是行花街的第一要务，很多花市都因人数激增，承载量有限，经历过迁移。深圳的花市从建设路、工人文化宫、滨河东路、嘉宾路、人民南路、东门南路等路段一路办下来，1998年最终选定在长达800多米的爱国路。2001年佛山在普澜路举办花市之前，升平路、福贤路、福禄路、体育路都曾是璀璨一时的花市地址，2008年又从普澜路迁至文华路。2009年东莞花市从元美东路移至元美路、元美中路。迁移后的路段都比之前的路段宽畅，在这里行花街变得更有安全保障，称之为“新街市型”花市是比较恰当的。

因地制宜办花市充分显示出广府人的务实与精明。广府各地拥有数量丰富的体育场馆、会展中心、公园广场和专业花卉博览园等，这些大型公共场所位于新城区的中心地带，靠近新兴的商圈、楼盘，一般具有交通便利、空间较大、配套设施齐全、易于管理等优势，如广州天河体育中心、海珠区琶

佛山南海千灯湖公园里的花市（谢中元摄）

洲国际会展中心、黄埔区体育中心、东莞的国际会展中心、佛山的南海千灯湖公园、珠海的斗门体育馆、中山的天光墟市场等。在这里举办花市，对城市交通干扰较少，利于延长开市时间，又被称为“场馆型”花市。这类花市基本上是在场馆内的外围走道上摆摊设档，成圆环形，场地开阔，游客走动起来较为宽松，容易开展各类迎新春的庆祝活动，如搭台组织文艺演出、举办展览等，这在老城区马路上是根本不可能实现的。

花市经济前景广阔，花卉生产和交易增长迅猛，各地陆续出现了大型专业化花卉展销基地。花卉基地靠近主干道，场地广，功能多，营业时间长，专业化程度高，集生产、销售、展示、旅游于一体，理所当然地成为理想的迎春花市地址。如广州芳村的花卉博览园、深圳南山花卉世界、佛山陈村花卉世界等，就很受人们的欢迎。

除了迎春花市的选址，各地迎春花市的布局也呈现了不同风貌。广州、佛山、深圳等城市多采用“以中心花市为龙头，分区设置”的布局形态，即以区为单位，各区各设1个迎春花市，并全力打造1~2个为中心花市。比如，广州市设有越秀（东湖、西湖2个花市）、海珠、荔湾、天河、白云、黄埔、花都、番禺、萝岗9区10个花市，尤其重点打造越秀区西湖路花市和天河区体育中心花市，形成了“众星捧月”的花市格局。这样中心花市为市民行花街提供了去处，易于打造品牌、沉淀文化，分散在其他区的花市能方便市民就近买花，满足了购花需求。而东莞、中山、肇庆等城市则一般采用“集中布局”的方式，即在城市中心设一个规模较大的花市，以满足城区市民赏花、购花的需求，辖属各镇则自行办有小型花市或临时摆卖点。临时摆卖的属于“地摊型”花市，花农在划定的区域内摆卖，不搭建花棚，盆橘多就地摆放，市民可集中选购。此类民间花市很便利，几乎遍及镇街社区，人气颇旺。

（二）档位招租与摆设

花市地址确定后，各举办地工商局开始对花市档位进行招租，招租前会先通过政府网站等发布招租公告。花市档位一般分为鲜花档、枝花档、盆花档等，有些地区花市还会设置工艺品档、金鱼档、陶瓷档、节日灯饰档、年货档等。各类型档位分开招租，招租的方式一般有两种，即招标和认租，以体现公平、公正的原则。

招标，指按照市场原则，公开拍卖档位，让报名者公开竞投。各类花档根据前一年的市场情况设置参投档位和招投标底价，同一类型的档位按方位、面积设置不同的底价。由各参加竞标者增价竞投，出价高者先得。为免公开投标会拉高档位价格，损害部分花农的积极性，有些地区会以暗投标的方式进行，即竞标的时候，各投标者均不公开价格，只将自己的理想价位写在投标报价表上，主办方统一唱票，再以价格高低来决定档位花落谁家，出价高者还有权利挑选更好的位置。2004 年，深圳、广州的荔湾区同时开创了迎春花市档位拍卖的先河，之后被其他花市采用。

认租，指各类档位都给出统一价格，报名的企业凭营业执照副本复印件，个人经营者凭本人身份证原件及复印件在指定的时间段到指定地点排队，先到者每人可拿到一个认租号，先到者先得。然后，凭号进行档口抽签。

一般来说，各花市会根据实际情况采取不同的方式来进行档位招租。像广州越秀、东山、天河、荔湾等区的鲜花和工艺品档位一直十分紧俏，往往出现“一位难求”的现象，这时就会以招投标的方式进行档位分配。而在一些郊区花市，特别是盆橘和桃花档，前来摆卖的花农相对较固定，买花群体也是相对固定的，则会统一设好价格，以认租方式来出租花档。不管是招标的“价高者先得”还是认租的“先到者先得”，都要求体现公平公正的原则。

近年来，除了这两种传统的花档招租方式外，还创新出其他一些办法，就是直接采用抽签的方式决定档位归属，就像抽奖一样，非常新颖。如佛山禅城区 2011 年的松风路花市就采取这种方式，想租花市档位的市民先将自

2011 年禅城区花市入口处风车飘扬、灯笼高挂（周春摄）

己的身份证复印件交给现场工作人员，工作人员随后将其放进一纸箱内，由主持人抽到身份证复印件后现场公布，持身份证的本人就可以去工作人员处购买档位，每人限购 5 个档位。根据花市路段的区别，档位价格分为 380 元、400 元、450 元三种。现场不少花农甚至说："如果念到我的名字，我会有'中大奖'的感觉!"

花档的租客们，20 世纪七八十年代多为广州及周边地区的花农花贩，近些年除了本省，还有来自国内多个省市，如四川、山东、河北、河南等省市的花农、花商、花卉科研机构和花木公司，都风尘仆仆赶往这里，应着节气"赚一把"，他们一起活跃了南国花市的热烈氛围。

迎春花市上花类繁多，多达千种以上，如何让市民一目了然，有序挑选，花档的摆设都有一定的规矩。年宵花市上所售的花一般分为"枝头"、"盆花"及"散花"三类："枝头"是树生长得比较高大的花，花市上这类花主要有桃花、银柳、吊钟花等；"盆花"即每棵花的下面都有一个盆，这类花主要有牡丹、大丽花、茶花、兰花、菊花、月桂、玫瑰、含笑、水仙、海棠、蟠桃、金橘、大红橘、四季橘、朱砂橘、金蛋果、代代果，以及热带肉质植物等；"散花"则是专供人们一枝一枝地随意选购，作插瓶之用，主要有百合、剑花、银柳、鸡冠花、玫瑰等，又因为这些花一般放在大枝的桃花或吊钟花的脚下作陪衬，故又叫做"花脚"。花市花档的分类次序一般是：枝头常摆在花廊的头段，盆花和花脚摆在花廊的中段，花廊的尾段摆放有"水族之花"之称的金鱼和其他观赏鱼类，还有古董、杂架、冬果、陶瓷、漆器、玻璃器皿、气球、工艺品、年宵品、儿童玩具等。显得层次分明，错落有致，人们逛起花街来也不至于找不到方向了。

以前的花档一个挨一个，相当拥挤。2007 年，花市筹办部门对于花档的间距进行了一些改革，如加大单个花档的面积，从以前的 1.5 米改为 1.8 米，加宽设置在花市中的通道，从以前的 5 米改为 10 米，花市规模、占地总面积不变，所以相应的减少了花档的个数，花市更宽敞了，安全性也提高了很多。

（三）花街搭建与装饰

十里花街是一项整体工程，由牌楼、棚架、楹联、灯饰为主体构成元素，以牌楼最为重要。迎春花市牌楼出现在每年一度的花街入口

处，只在花市期间使用，花市闭市就拆掉了（也有例外，比如天河体育中心的天河花市牌楼就保留到元宵节）。牌楼一直是花市的灵魂景观，甚至有市民说，行花街就是去看牌楼。临近年末，市民都对它充满期待。各地无不费心尽力，将它打造成迎春花市最重要的标志性建筑，尤其是在它的设计、搭建上最为用心。

各地基本都是先给出牌楼设计要求、经费预算，面向社会征集设计方案。收齐投标者提供的方案后，组织评比，对优秀方案实施奖励。花市筹办方对于设计理念贴近花市主题、设计方案切实可行、维护服务贴身到位、制作费用较少的方案优先采用。2008 年至 2011 年连续 4 年，越秀区政府均投入约 55 万元，对西湖和东湖花市主牌楼，花坛，中心亭，吉祥物的设计、承建和拆除进行招标。其中，2008 年对外公布的方案要求西湖花市主牌楼保持“千年越秀”的历史感，融入奥运五环元素；要求东湖花市主牌楼重点表现党的“十七大”精神。对中心亭、花坛、吉祥物设计要求更为细致。

人们的期待越来越高，政府投在牌楼设计、牌楼布置的经费逐年递增。以天河区迎春花市为例：2008 年为 45 万元，2009 年达 65 万元，2010 年升至 100 万元，2011 年跃增到 150 万元。连续高增，四年约翻了 3 倍，足可看出主办方对花市总体设计的讲究、重视程度。例如 2011 年广州天河区迎春花市对主牌楼和环境氛围布置设计方案提出了以下要求：

首先是主牌楼的设计。主牌楼搭建在体育中心南大门原址区域。主牌楼设计须体现花市本色，在设计、制作、施工和维护中须把握以下原则：第一，喜庆大方。设计者须现场勘测后进行设计，牌楼方案要美观大方，能够体现天河作为广州市新的城市中心区的区位特点，体现出推动高端产业集聚发展的区域经济特色。要通过现代科技元素、传统花市文化的有机融合，突出祥和、喜庆、新颖、繁荣、和谐的氛围，呈现新一年的美好愿景。第二，简约节俭。要充满创意，因地制宜，就地取材，借景造色，采用简约的设计风格。在保证安全性能和工艺效果的前提下，所有大的灯具、花台鲜花设计可考虑租赁，雕塑件材料考虑临时性用途。第三，环保生态。主牌楼设计需融入环保理念和生态文明理念，施工尽量采用环保材料。花市的主牌楼需从灯光、花台和造型等方面突出效果，注意加强内置光源，灯具使用冷

光灯，树木和鲜花使用真树真花。第四，立体真实。主牌楼要具备一定的体量，造型立体。设计和施工要重视细节，给观众真实的感觉。第五，安全可靠。主牌楼设计要考虑地理位置、人流量、气候等各种因素，同时要控制高度，留置活动空间和疏散通道，做到安全可靠。第六，制作方便。牌楼方案必须在考虑美观的同时注意其可制作性，保证施工可以体现设计意图。

其次是花市环境氛围布置。环境氛围布置主要集中在体育中心南广场。设计要根据广场内现有的道路、花坛、树木、灯柱等，因地制宜，发挥创意，使之成为营造喜庆气氛、宣传发展成就、集聚参观人流的平台。具体要求如下：第一，环境氛围布置须参照牌楼的设计要求，保持与花市整体协调，与牌楼风格相衔接。第二，在体育中心南广场内喷泉区域内或东西两边缘布置12生肖展板（规格为高3米，宽8米，展板内容由建设方提供）。第三，充分考虑夜晚的灯光效果。

最后，总造价约150万元。

这些要求给出一些大体方向，相当于“命题作文”，让设计单位自由发挥。最后出炉的设计方案也会公布于网站，接受民众的评议，直到选出最佳方案。

每年大约在年前10天，各花市就要开始实行交通管制，有关部门开始搭建牌楼和售花摊档。由于花市的牌楼横跨路面，位于交通要冲，因此要尽量减少对交通的影响，建筑规模不能过大，施工时间不能过长，既不能凿地挖洞，破坏路面，又不能毁瓦穿墙，损及民房。平地搭起一座20多米宽，40多米高的巨型牌楼，全靠一条横木在底部固紧、牵牢，牌楼上面用“飞缆”牵引，因而技术难度比较高。

和牌楼一起搭建的还有棚架，棚架搭建在马路中间，背对背设置两排摊位，虽然技术难度没那么高，但是档位数量多，每个摊档建四或五层花架，一层一层向上搭建，层层收

快要搭建完成的牌楼（网友阿坚摄）

窄，从侧面看，成一梯形，棚架顶全部建篷，遮雨和悬挂灯管，花档与花档之间不设分隔，连绵伸展，成一条长廊，从高空俯瞰似一条长龙，所谓“十里花棚起卧龙，引来春意万家浓”，工程量也是不小的。

在以前以竹子为搭建主料、以青竹篾或铁丝扎为辅料的时代，搭建牌楼、棚架，是一项非常艰苦的工程。工人们在二三十米的高空作业，胆要大，心要细，拉扯竹木上架，全身用力，头顶肩托，赤着脚，双脚像铁钳一样钳实棚架，腾出双手操作，使用篾青或铁丝绑紧。例如 1990 年教育路花市共有 700 多个档位、3 座牌楼，需用 2.2 万多根茅竹和高竹搭设。承接这项工程的广州市第六建筑工程公司搭棚工程处的 150 名棚工，从 1 月 18 日起开始动工，5 天内要完成任务。当时搭棚期间恰逢阴雨，棚工们冒着寒风雪雨，硬是用冻得不那么灵活的双手，一根一根地扎篾，一米一米地架竹，足见搭棚工作的艰辛。

花市搭架（网友阿坚摄）

这种用竹料搭建的牌楼和棚架，不仅耗时费力，而且形象上欠美观，架上的承重有限，极易垮塌损坏，若遇大雨，也很容易被淋湿。2005 年，番禺区花市率先采用能够重复使用的金属搭棚，这比竹料搭建能节省两三天的时间，封路时间也大幅缩短，特别是提高了棚架的稳定性和耐用性，此法很快被其他区效仿。2006 年天河区、黄埔区花市引进了金属搭棚，2007 年广州所有的花市全部统一采用钢制棚架，是

花市上的金属棚架（网友阿坚摄）

按照设计图在工厂制作完成后才搬进现场的，禁止现场搭建棚架。钢制花棚支架的四脚用螺丝固定在地面上，不会对地面造成破坏，而且“一次投入，永久使用”，相比竹架安全性大为提高，又能缩短搭棚的时间。2009 年还推行组合式牌楼，使牌楼的搭建更加美观大方。为保安全，广州市 9 区 10 个花市搭建工程全部聘请专业监理公司监理，施工完成由质检站验收通过后才能开市，花市筹备部门对安全工作用心之细，值得一赞。经过几年的推广，竹棚被金属棚取代，各地区花市已基本不再使用竹子来搭棚了。金属棚的优点很多，不但结实、环保、能防火、防雨、抗风，还有一个重要优势就是便于拆卸，搭棚时间大大缩短，能够极大地解决花市搭棚造成的交通压力。棚架的制作都是在工厂里完成，花市现场只是安装，劳动强度大大降低了。

牌楼和花棚搭好以后，装饰是必不可少的。贴春联是中国过年的老传统，精美壮观的牌楼两侧需要对联来画龙点睛，所以有牌楼自然就有对联，花市对联为牌楼而生，应景喜庆。花市对联要求思想性和艺术性兼美，把古老的对联艺术和时代气息结合起来，反映国泰民安、社会欢乐的和谐景象。一般来说，各花市主办方或者请领导题联，或者由花市办的工作人员根据主题撰写然后请主管领导审定，或者专门邀请楹联学会的名家来负责拟写。中国楹联学会会员、广东省楹联学会秘书长孙幼明先生从 1998 年起至 2007 年，连续多年为广州迎春花市撰写对联，被称为“花市对联状元”。

近几年，通过网络等传播媒介向社会“悬赏”花市对联，越来越受到推崇。2008 年广州萝岗区花市对联就是“悬赏”2 000 元在 300 多名应征联中海选出来的，广州市民赵先生的作品入选，上联为“萝峰叠翠，东江濯清，传大好河山一脉，更喜政通人和”，下联为“解放思想，持续开放，纳跨国企业百强，共建璀璨新城”，既体现出一般对联的对仗工整、语言高雅，又贴切地表达了萝岗区区域特色和建设成就。又如佛山禅城区 2010 年首次向社会征集贴在花市主牌楼两侧的对联，要求对联“紧扣广佛同城、创意禅城、首善之区三方面的内容，反映迎春花市欢乐和谐的景象”，征集结束后，花市办组织专家评选出 6 副入围楹联，随后通过网络、手机平台对入围作品进行网络投票，根据得票高低评出 1 名采纳奖、5 名入围奖和 5 名优胜奖，采纳奖获得者将获得奖励现金 1 000 元。2011 年禅城区继续向社会征集中心花市主牌楼对联，要求“体现出‘近悦远来、智慧禅城’的禅城城市文化，并点出花市作为政府民生工程的意义”。

所谓“人靠衣装，街靠灯装”，灯饰可是花市里的“明星”，灯潮映花海，整条花街在夜色中熠熠生辉、流光溢彩。灯，已不仅仅是照明的工具，更多成了一种供人欣赏的饰品。灯饰种类也可谓是五彩纷呈，除了主流的灯笼、彩灯、白炽灯、日光灯、射灯，还有充满动感的电动灯饰、霓虹灯装饰、大型灯箱画等。灯饰布置多采取点、线、面和动与静相结合的手法。灯饰布置不光是技术问题，更是一个美学问题。它既要考虑主、副牌楼的造型设计，又要考虑花市档位、两侧建筑物（树）及花市路段状况，设计恰到好处，方可改变“地面热热闹闹，头顶冷冷清清”的局面。1994 年，荔湾区花市安装了各种彩灯 1 000 多个，“满天星”2 500 串，灯管1 500米，白色灯泡 6 300 个，还有数不清的射灯、胶管走灯，汇成了花的世界、灯的海洋。2004 年，广州各区纷纷将灯饰打造成花市的焦点，越秀区花市贯穿灯饰于整个花市，在 1 000 米长的花街两侧设置两排连成一体的数码灯管，灯光亮时就像流动的水，极有动感。2005 年，白云区花市寓游园活动与逛花市于一体，安排了一组“千米灯海”，道路两边的树木都被千米长的彩灯所连接，灯上张贴有各种各样的灯谜，游客们可以在走完街市后看到灯谜的答案。

花市上的灯饰（谢中元摄）

灯饰中，最显眼的是各种造型大小不一的红灯笼，有时一个花市的红灯笼数以千计，如 2002 年海珠区花市全长 800 米，江边绿树上就悬挂了8 000多串大小各异的红灯笼。华灯初上，8 000 个红灯笼与珠江夜景交相辉映，呈现出一幅美丽的火树银花点亮“不夜天”的画面。花市上，人流涌动，在灯光映照下，人比花娇，花比人艳。

佛山花市也越来越讲究灯饰点缀，灯饰美化，丝毫不输广州。2006年南海迎春花市首次选址千灯湖畔，其最耀眼之处，是南八路两边绿化带大王椰树上的23组射灯以及中间绿化带的10组灯饰，10组灯饰均由彩虹灯管和灯珠制作成“南海区人民政府恭祝市民新春快乐、身体健康”等字样。2008年南海迎春花市每个档口前排、横幅上都装有灯饰，灯饰以暖色衬托，更加璀璨夺目，灯饰除了米老鼠等应节元素外，还添加了奥运元素。2010年南海花市和橘市分别以大型的“幸福树”牌楼及“玉如意”牌楼领衔，配以新颖的灯饰广告、大红灯笼串阵、彩色射灯、特色灯箱、灯旗，如同一串串珍珠闪耀，营造出一种喜庆的“气场”，应和着人们心中的欢悦和祝福。

除灯饰外，花市还有其他各种装饰品，如财神、吉祥物、灯笼、横幅、广告、彩旗、彩灯、扎作、横幅、飘带、中国结、鞭炮、古钱币等。有时牌楼旁边还会放个大腹便便的财神爷，放个金光灿灿的金元宝，向市民“恭喜发财”，十分喜庆。2005年越秀区花市的北京路花市入口处摆放了一尊高6.18米、重2吨的财神，另有一对金童玉女高达2米，全部用玻璃钢制作而成。2008年海珠区花市入口前，左右两边各设计有一个4米高、3米宽的金鼓、鼠年吉祥物。这些装饰品为花市营造了欢乐、喜庆、祥和的氛围。

（四）幕后人性化服务

花街装扮好了，就该主角进场了。腊月二十八花市正式开门迎客，四乡花农纷纷涌来，摆开阵势，十里花街张灯结彩，繁花似锦，人流如海，鲜花如潮，一直闹到年初一凌晨，方才散去。这么多年的行花街，单一个广州就有几百万人参与，热闹和拥挤程度远远超过一般的民俗活动，但迎春花市没有发生过一起集体踩踏事件，这都要归功

2011年佛山迎春花市入口处的灯饰（谢中元摄）

于花市幕后的安保和服务人员的辛勤付出。

每年花市举办前，各地都会成立迎春花市应急工作领导小组，包括医疗救治、供电保障、安全保卫、交通疏导、消防安全等应急小组，建立健全花市的安全监控、紧急疏散、安全防火、疫病应急救护、突发事件及纠纷处理等方面的制度和应急预案。广州市公安局通过新闻媒体发布各类注意事项：花市举办期间，花市内路面设点的商贩要全部停业或迁出经营；花市内的建筑工地要暂停施工；花市内要适当限制车辆的进入；严禁携带烟花爆竹、氢气球、仿真玩具手枪及管制刀具等各类危险品进入花市；要按指定路线进出花市，不能逆行，不要追逐打闹，要保管好财物，照顾好老人小孩；花市内的摆卖人员，严禁乱拉电线，如发现违法活动，及时报警；如发生意外，不要惊慌，要听从指挥，有序疏散。

安全是花市最重要的保障，幕后英雄们为了市民的快乐，放弃了温馨的小家团圆，默默坚守在花市现场。一些身穿制服的警察、保安、城管执法人员隐身于花市各处，人们不大会注意到他们，而他们细致到对每一个垃圾桶都进行检查。2008 年广州花市开市首日，全市共出动保障人员 8 000 多人次，其中公安执法人员 3 300 人次，工商执法人员1 800人次，城管执法人员 600 多人次，环卫保洁人员 800 多人次，其他保障人员 2 000 多人次。

近些年，花市的安保不断升级，引入了现代通信设备，1999 年越秀区首先将治安视频监控应用于花市的管理；2000 年广州市区公安局共出动了数千名公安民警和治安执勤人员，并在越秀、东山、天河等花市安装了闭路电视监控系统，确保花市期间不发生重大刑事案件和治安案件；2008 年佛山禅城区的文华路花市，政府投入 300 多万元新增 30 个可 360 度旋转的视频监控探头，把花市周边的岭南明珠体育馆等原有的视频监控设施连成一片，监控范围不仅可以覆盖整个中心花市，还覆盖了南到魁奇路、东到湖景路、西到岭南大道和北到同济东路的区域；2009 年广州从化花市首次实行 24 小时录像监控，还专门为花市配备了一支由 35 名退伍军人组成的专职保卫队，每位保卫队员配备对讲系统，花市内一旦发生事故和情况，可以以最高效率得到解决。

花市里的服务也越来越人性化。花市内所设的各类救助站、医疗

点、供电部门驻点，24 小时有人值班，此外还有免费的供水点、流动公厕，并有环卫工人随时保洁。2008 年，受冷空气影响，低温严寒侵袭了南国的每一个花市，各地启动防寒防冻紧急预案，为花农增加了大量热水供应点，并配有暖炉的休息室。花都区专门购置 150 多床棉被派发给守夜的花农，还给他们派发食品御寒。

以前的花市，一般在大年初一零点结束，近几年延续至大年初一凌晨两点。凌晨 1 时开始，花市便要收市，花农把卖剩的花降价倾销或送给游人，开始纷纷退场，2 时开始，环卫工人就进入会场开始清理工作，搭花棚建牌楼一般要一周左右的时间，而把花棚牌楼拆掉必须在几个小时之内完成，而且要把马路打扫干净，天亮前要还路于交通，故工人们速度之快、效率之高，令人赞叹。环卫工人清扫的同时，拆棚架、收电缆等工作也都有条不紊地进行。“每年花市结束后从 2 时到 6 时这 4 个小时期间，就好像在进行一场战斗一样。”一位环卫工人如是说。《羊城晚报》曾报道过一位从 1986 年开始就在越秀花市办工作的员工老何，每年到了 10 月中下旬他就开始忙碌了，年二十七，花市一开始，便是他一年中最忙的 3 天。每天从早晨 8 点半开始，他就加入维持秩序、清理无牌摊档的工作中，经常忙到凌晨 2 点多才回家。20 多年来，他从未在家过一个大年三十，“花市没有搞完，我总是放不下心。每年的大年初一凌晨，花市结束，我打个盹，就跟亲朋好友上茶楼叹早茶。”老何乐呵呵地说。到大年初一清晨6 时，路上又恢复了往日的宁静，仿佛前夜的热闹并没有发生过一样，而大多数工作人员也才能从几天繁忙的工作中放松下来，回家与亲人一起吃一顿迟到的团圆饭。

花市上的志愿者（了了摄）

温暖无处不在，感动也无处不在。花市上随处可见一些身穿黄色马夹或佩戴黄绸带的年轻身影，他们是青年志愿者，哪里有需要，他们就会及时出现在哪里。自 1999 年越

秀区花市开展志愿者服务后，各区团委每年都会发动大批志愿者到花市帮忙，他们随时为市民提供各种帮助，给人们安全行花街提供了保障。

尤其值得一提的是2008年雪灾之年，冰雪封住了北上的道路，大量外来务工人员被滞留在了广州，各区迎春花市纷纷响应，举办各种活动为外来务工人员送关怀、送温暖。如越秀西湖花市为留穗外来工举办了“东西南北一家亲，越秀花市暖人心”的文艺演出慰问活动，并向他们赠送年货和鲜花。荔湾区花市和黄埔区花市设立“免费长途服务站”，供留穗外来工免费打电话向远方的亲人送上问候和祝福。荔湾区还出现了“西关小姐”与外来工携手逛花市的景象，“西关小姐”为外来工担当起讲解员。迎春花市成了外来务工人员与这座城市的温暖纽带，使他们在除夕夜不再孤单。

随着逛花市的外国游客越来越多，花市上提供的服务也越来越周到。2007年的越秀东湖和西湖花市，入门处摆放的牌楼设计平面图、巨幅宣传板上都增加了英文版本，花市出入口指示也是中英文的，还首次为外国游客配备了现场英文翻译。如今，这一温馨包容的举措，各区都已普及。

随着网民和手机用户群体越来越庞大，“网上花市”也应运而生。2008年，由越秀区花市指挥部、越秀区发改局、中国移动联手打造的“网上花市”正式开通，包括“花市任我行”、“逛花市啦”、“花市新闻告诉你”、“花市图片展”、“花市历史知多少”、“花市灌水吧”等栏目，市民可以利用手机上网浏览花市动态、摊位分布、交通信息以及花市历史等信息。“花市灌水吧”设置的BBS讨论专栏，广泛邀请市民共同参与，献计献策，实现与大众的双向互动。2009年，越秀区还率先开设了全国首个免费上网的无线迎春花市——北京路无线步行街暨花市无线自由行，对于那些怕挤但又不想错过逛花市的人，可以通过免费无线上网实现短信购花、网上购花，给市民提供了很大的方便。

六、花里乾坤意头足

——千花百卉的吉祥寓意

花本无语，人自解之。中国人历来喜欢根据不同的花形、花色、花名表达不同的寄寓，花因多情的人而濡染上了层层叠叠的意义。兰之高雅脱俗、荷之出淤不染、菊之清丽神韵、梅之傲迎霜雪，被人反复吟咏，借以自喻，花也因此变得更加美好。

广府人行花街，同样寄情于花，借花表意，用花载道，以花为媒，形成了丰富的花语、花意。不过在迎春花市上赏花，特别在乎讨个好“意头”，诸如注重大吉大利、平安富贵等。这明显少了古典文人品花的清丽儒雅，多了讲究实际、追求功利的色彩，里外透露着一份迎春接福、求财问富的现实情怀。

（一）广府人的“花意头”情结

迎春花市上，讲“意头”，讨吉利，是卖花人、买花人心照不宣的约定。金灿灿的年橘寓意财源滚滚，大吉大利，尤其受生意人喜欢；红艳艳的桃花预示着“大展宏图”，未婚男子最为中意，年轻的未婚小伙子买桃花，扛着它在花市转几个圈，说不定可以走个“桃花运”；吊钟花意味着“吊起来卖、钓个意中人”，未婚姑娘希望嫁得好夫婿，则会买吊钟花；老人喜欢长寿花或万年青，象征着“健康长寿”，“永葆青春”；儿女想给父母亲一个惊喜，首选康乃馨，以示温馨关怀；小夫妻买上一束百合花，取其“心心相印，百年好合”的花语心意；情侣们双双穿梭花市至少也会买上一两枝玫瑰，表示忠贞的爱情；执一枝银柳，表示“生命光辉，银元滚滚而来”；捧一株叶色翠绿的发财树抑或苞片鲜红的红星凤梨，期待新年“发财富贵”、“红运当头”；

一句“猪笼入水，财源滚滚”，就让一种平常的花木因为形似猪笼而身价倍增。花街上的花卉语言十分丰富，明显具有求实、兼容、多姿的特征。买花，就是依据自己的愿望，买一个好意头，图一个好彩头。

求意头，花的颜色必有讲究。迎春花市的花多以红、黄两色为主，取其喜庆之意。在中国的传统观念中，红色代表喜庆和吉祥如意，同时，红色作为暖色调，本身就带给人们热闹、喜庆的气氛，在隆隆冬日里给人一种温暖的感觉。黄色的鲜花，历来被认为传递的是一种富丽堂皇的富贵气，象征高贵、尊严，中国古代帝王的龙袍主色多为黄色。除了传统的单色花卉，混色的花卉也不少，特别是球根类花卉的色彩最为丰富，如郁金香有红色、黑色、黄色、紫色以及各种颜色的混合复色等色系的品种，深受大众喜爱。买花，买的是一份喜庆，送出的是一种祝愿。

有好意头的花一定有个好名字。花的名字一旦与金钱、富贵沾边，好听又寓意吉祥，就符合人们追求好运与成功的愿望。像青枝绿叶的“发财树”、“富贵竹”、“开运竹”，虽无甚特色，但名字好听；荷包花寓意“荷包发”，十分抢手。还有富贵菊、仙客来、开心果，一念名字就是吉祥满口，必受追捧。广府人对认为不吉利者，多采取以反为正的办法。有些花不用原有的名字，改用吉祥和好意头的名字，仙人掌上嫁接一干花，称为“福星花”，象征福星高照；三棱柱上嫁接个红色的仙人球，寓意“红运当头”，像“一品红”、“状元红”、“步步高”、“五代同堂”、“黄金果”、“金钱兜”、“水金钱”莫不如是，以至它们原有的名字没有多少人知道，甚至连专家学者都一头雾水。还有什么“花蝴蝶”、“红芙蓉”、“粉吉祥”、“富贵春”、“十八学士”、“红秀珠”、“绣球红”、“大凤仙”……且不说花有多美，就这些寓意吉祥富贵的花名，就深深迎合了广府人重商、求财的祈愿，叫他们如何不乐得购买？

有些花在过年期间是不大见到的，像梅花，因为“梅”与倒霉的“霉”同音，不管它多有凌寒飘香、崇高坚贞的气节，都被花市拒之门外。而白菊谐音“白做”，姜花因属白色，在平时虽被人珍爱，但是过年时却少有人青睐。一些洋花虽靓，但在广府人看来大都缺少过年祈望的“花语”内涵，因意蕴“浅薄”难以被接受。

花的好意头也配合着好形状。平常的花被花农们“塑造”成了奇特的形状，最典型的，比如“聚宝”，其实不过就是一种蝴蝶兰，但因为被设计成了一个聚宝盆的形状，看起来格外灿烂，也格外喜庆；还有“一帆风顺”，整个植物被打造成了一艘船的形状，有龙骨，有风帆，与那些商店里的金银摆设相比，似乎就缺了在风帆上刻上的几个字；还有“红剑”，整个植物变成一把剑的样子，倒是风水植物的一个好选择，除了给居室增添一抹绿色，对那些迷信的人来说，还有辟邪的暗喻，一举多得，自然更受人欢迎；更有与时事贴得比较紧的，在2008年春节有种凤梨类的植物被唤作“火炬”——看上去恰恰就是祥云火炬的模样，甚至连上面的那团火都格外鲜艳。奥运火炬手毕竟有限，拥有火炬的人更有限，但在年末拥有一盆“火炬”花，大多数人恐怕都难以拒绝。而那些果少枝空的盆橘，则因“凶（空）多吉（橘）少”而令人避之不及。很多花商还在花上装饰一些别致的灯笼、贺卡等，增添欢乐吉祥气氛。

花市上标价的花也与发财致富有关，“3”、“8”、“9”与“生”、“发”、“久”谐音，寓意生生猛猛、发财大利、长长久久。如一棵发财树标价168元，正与粤语“一路发”相谐；一株桃花标价88元，意即“发了又发”，38元，即“又生又发”。花市上也有以枝数传情的，一枝表示“友谊专一”，两枝代表“我和你”，三枝意即“我爱你”。充满实利色彩的花卉语言在花市上肆意飘荡，所以广府人“行花街”，相信“不可空手而回”，因为“空”谐音“凶”，不吉利，人们走走花街，多少会买一点方便携带的轻巧花木，可多可少，以示吉祥。

这种重意头、求吉利的传统延伸在广府人花事生活的方方面面。比如恭贺别人的最简便的途径就是从花入道，这就自然地引出一套特定的惯常的“花”的语言。客人问主人家厅中的大橘树，“有多少双橘呀?”问橘不说“个”而求“双”，取“吉事成双”之意；评桃花就爱说“瓣”，多瓣桃花寓意茂盛与藏财，还有深粉浅红都有特定的运程象征，万一色泽未入时，主人家都爱用小红纸或棉花蘸红粘在桃树上，造成满树绯红的效果。主人家的瓶花应节怒放，会说话的客人不是简单地称“靓”，而是一个劲儿地贺：“旺、旺、旺呀!”这侧的主人定是满面春风，笑逐颜开。

（二）不同的花，不同的寓意

春节的时候，广府人家里一定会摆上一些美丽又寓意吉祥的花木。金橘是必备，桃花不能少，水仙不可缺。五代同堂、银柳、红掌、剑兰、大丽花、海棠、菊花、兰花、鸡冠花、康乃馨、百合、茶花都是例牌年花，近几年，蝴蝶兰、君子兰等兰花品种也深受市民喜爱。花，这个美丽世界的精灵，糅合了广府人的商业气息，每一种花都被赋予了不同的寓意，不同的花卉各有一番风情。

1. 盆橘——大吉大利

中国是柑橘的原产地之一，广州种植也不少，清人吴震方《岭南杂记》中就记有“广州可耕之地甚少，民多种柑橘以图利”。但盆橘种植的历史不算很长，始于100多年前，芳村是广州盆橘的主要生产基地。

盆橘，也叫“盆桔”，是广府人家过年必不可少的。“桔”是“橘”的俗字，“桔”的正确名称应该是“柑橘”，其中“橘”在粤语读音上本应读“骨”，实际上也能听到广州人“柑骨”的叫法，但只有和“柑”连读时才有，没有单独念“橘”为“骨”的，使用单字时，广州人是读成“桔”，和“吉”同音。正因为这“橘”与“吉”谐音，寓意吉祥、喜庆、利好，深得广府文化习俗的真谛，所以盆橘是除夕夜的抢手货。果以多且密为好，或许因为橘越大，吉越大，如今的年橘最大的足以和小南瓜媲美，甚为惊人。

盆橘主要品种包括金橘、四季橘、朱砂橘，以盆植出售，用作观赏。广府人家过年前一般只选购其中一种，置于客厅的几座上，确可玩味。店铺、商场、酒家、写字楼则多放在门口或大堂里，非常气派。

花市上人们乐呵呵地将盆橘搬回家（崔景印摄）

金橘是广府人过年买得最多的一种盆橘，其树形虽小，一般连盆带树不足70厘米高，但却果实累累，佳者每株结果数百颗，椭圆形的小果实，像一个橄榄似的，金灿灿的，还有那青枝绿叶相扶，且经久不落，一盆在室，金球满枝，象征发财吉利，非常惹人喜爱。金橘可吃，香脆甘甜，春节过后，有些人用蜂蜜把金橘浸泡起来，可用以治疗哮喘；四季橘摆在家里表示“一年四季都吉祥如意”。四季橘的果实呈圆形，酸甜各半，别有风味；朱砂橘是广东的特有橘种，其果形较圆，表面长满了白白的茸毛，非常可爱，寓意“大吉大利、大红大紫，银粮满仓”。与盆橘系列极其相类似的还有代代果，寓意代代繁昌；佛手果，形似指掌，有如信徒礼虔膜拜，飘逸肃穆，深为善男信女所垂青。

花市盆橘的售价，要看品种、大小和质量。特大盆的，枝叶繁茂果实累累的，可以卖到三五百元不等；小盆的，一般二三十元，叶虽茂盛而果疏的，十来元；叶果俱疏的，有老广州人会说：“送也不要，因为‘空（凶）多橘（吉）少’。”当然盆橘售价受供求关系影响也很大。

年橘由于连盆栽种，因此节后的善后工作比较“艰巨”。与其大费周折地一盆盆丢弃，不如把它们留下来，迎接下一个春天。先把室内的年橘移到室外，然后把那些朱砂橘、四季橘、金橘的果实全部摘下，剪去枯枝败叶，以及有病虫害和较密集的枝条，这样一盆年橘又能再度发芽成为绿色盆栽了。

2. 桃花——大展宏图

桃花是中国传统的园林花木，属蔷薇科、李属、桃亚属，其树态优美，枝干扶疏，花朵丰腴，色彩艳丽，为早春重要观花树种。《诗经》中早就赞盛放的桃花为“桃之夭夭，灼灼其华”，广府迎春花市上每年都专设桃花档。

广府人过年时家里喜欢插桃花。桃花花色颇多，有玫瑰红、粉红、醉红、浅粉、纯白、淡紫，花瓣有单瓣、重瓣之分，春节期间陆续开放，“满树和娇烂漫红，万枝丹彩灼春融”，不但居家喜爱，各大宾馆酒楼届时必以一株大桃花装点门庭。一株靓桃花插在厅堂里，满树红光，饰上节日彩灯，披上绿绸杏带，确是增添了不少春色，可谓“桃红又见一年春”。

钟爱桃花的人可以有两种选择，一是把整棵砍下的桃树搬回家，尤见气魄；二是剪枝插瓶，优雅精致。整棵出售的桃花一般用红色的绳子将桃枝收拢，捆成一捆，方便市民买了扛回家装点厅堂。整棵桃花插在落地大花瓶或大瓷缸里，养在大厅一角，两三米高的大枝，星星点点的小红花有几百朵到几千朵，花枝四张，宽可盈丈，花开灼灼，状如华盖，灿若明霞。桃花还被誉为广州的春节“圣诞树”，有的人家还布下超巨型的“桃花阵”，或在桃枝上挂满了各式“利是封”，至于里面有没有“馅”并不重要，要的就是满树猩红和“利利市市”的新年效果。一些居室不大的人，也要买些桃花枝丫回家，养在大瓷花瓶中，摆放在厅堂的桌子上，一派鲜红，整个厅堂顿时显得春意盎然，真所谓“一树桃花满庭春”。

花市上的桃花红艳艳（崔景印摄）

红彤彤的桃花是广府四大传统年宵花之一。盛开的桃花除寓意“花开富贵”外，广州话中的“桃”与“图”同音，“红桃”即意为“宏图”，桃花寓意“大展宏图”，迎红桃（宏图）回家是祈望来年转红运。还有些单身男青年也喜欢买桃花，借意插上一枝桃花，希望来年走“桃花运”，找到如意的女朋友，成就美好姻缘。肩负带来爱情重任的桃花总是被寄予厚望，连续多年蝉联“单身人士至爱年花”之冠军宝座。

广州种桃历史悠久，1 000多年前的南汉时的皇家园林“芳春园”就有“桃花夹水二三里”的盛景，“刘王花坞”种有“桃、梅、莲、菱之属”。清代乾隆年间，小港、瑶头一带曾是闻名遐迩的赏桃游览胜地，晚清诗人梁修曾叹其盛景“自海珠至埭，夹河皆此花，而谷埠尤艳艳……看花人夜分不散”。北方的桃树是常年生的，年年结桃，广州的桃树也结桃子，但味道不佳，广州种桃只要桃花。民初钟宝璇《农事月刊》已有这样的记载：“绯桃，广州河南地及花埭多种之。专重于花，而不注意于果。花重瓣至卅三片，作深红色。阴历十二月上旬至正月上旬开花。人争购之插于花瓶，以为贺正之品。每株价值数毫至十数元。”还记载有绶带桃、自璧桃，都是作为新春赏玩之用。

广府地区桃花行内有“北有石马、南有海北”之说。白云区石马

桃花和原芳村区海北、增滘、龙溪一带每年所产的桃花，成为广州年花市场中桃花的主要来源。石马村及周边的萝岗、平沙和清湖等村落出产的石马桃花占广州市场份额的七成，成了当地农民的主要收入来源之一。石马桃花含蕊多、色彩鲜、花期长，宜于瓶养。海北所产的桃花被称为海北桃花，正宗的海北桃花花瓣鲜红，花蕾丰满，花朵都是双托的，有三到四层花瓣，有“开花结果”的好兆头。但海北桃花缺乏品牌扶植，近七成靠老顾客口耳相传得以远销香港、澳门、马来西亚等地，在广州的迎春花市上上市的不多。

桃花属应节花卉，受天气影响很大，气温升高会提前开花，气温下降会推迟开花。为了使桃花在春节开花，花农有一套经验，农历10月上旬就将准备砍枝上市的桃树摘去叶子。如天冷就一次摘光，天暖就先摘一半，半月后再摘光，春节即可开花。但有时因天气原因，到旧历腊月还不见花蕾，就要“催花”，用塑料薄膜覆盖桃枝，每天中午最暖时喷水，这样就可以及时开花了。

3. 水仙——花开富贵

水仙属石蒜科水仙属植物，1 300多年前的唐代即有栽培，为我国传统名花之一。它原产地在我国浙江福建一带，现已遍及全国和世界各地，但还是以福建漳州、厦门及上海崇明岛的最为有名。

水仙历来为广府迎春花市主要花卉之一。明末广府人就已有在岁末买水仙的习俗，屈大均《广东新语》载：“水仙头，秋尽从吴门而至。以沙水种之，辄作六出花，隔岁则不再花。必岁岁买之，牡丹亦然。予诗：‘冬尽人人争买花，水仙头共牡丹芽。’”清代光绪年间，“每届年暮，广州城内双门底，卖吊钟花与水仙花成市，如云如霞，大家小户，售供座几，以娱岁华”（张心泰《粤游小志》）。如今，广府人过春节，水仙更是家家必备。连春节联欢晚会的观众席上，也年年都

水仙花档（谢中元摄）

摆水仙花。

水仙花外形清秀，香气袭人，已是花市中的老“明星”了。水仙最为动人之处在于它不施胭脂，素影绰约，绿意娉婷，超凡脱俗。一盏清水、几颗卵石，便生机盎然，可谓“一盆清供，满室生香”，故水仙又有“凌波仙子”雅号。水仙有单瓣、重瓣之分：单瓣的在六枚白色花瓣拼成的碟状花冠上面还托着一个橙黄色杯状的“副花冠”，因此又叫“金盘银盏”，香气特别浓烈袭人；重瓣的花则是由多数花瓣形成一个白玉球，香气比较淡雅。

水仙花不仅以其雪白晶莹的鳞茎、浓绿如翠的叶丛、娉婷绰约的风姿、冰清玉洁的神韵、沁人心脾的芳馨、素雅圣贞的品格赢得人们的敬意，还有着“花开富贵”的好意头。在民间赠送水仙，含有赞美对方心好必有好运、吉祥如意、万事称心的意思。

要想让水仙花在除夕盛开，可以利用生长环境的温度来控制花期，温度高，花期早，温度低，花期晚。水仙花似乎也能解人意，经常在除夕合家吃团圆饭时，或在正月初一的爆竹声中依次开放，这情景给人们带来无穷的乐趣。俗语说，“花开富贵”，正巧取了个好兆头。

目前广府花市水仙花主要还是来自福建漳州，每年花市前一个多月，就将水仙头鳞茎装篓运来，然后于春节前20多天沙藏水浸，就能及时开花；另一种做法是在浸水催芽前先经过特殊的鳞茎切割手术，这样长出来的叶和花都短而弯曲，别具一格，叫做“蟹爪”。通常是将3~5个切割过的散鳞茎用竹易串联种于一盆，开花时好像一株有3~5个花葶的大水仙头。有时也可用几十个鳞茎串联成多层的金字塔形，开花时花叶相接，密覆塔身，非常美丽，称为“水仙塔”。

4. 菊花——吉祥长寿

菊花为我国十大名花之一，又称为菊华、秋菊、日精、九华、黄花、帝女花、笑靥金、节花、鞠、金蕊、甘菊，受到广大人民群众的喜爱。菊花色彩丰富，有红、黄、白、墨、紫、绿、橙、粉、棕、雪青、淡绿、复色、间色等色系。花序大小和形状各有不同，有单瓣，有重瓣；有扁形，有球形；有长絮，有短絮，有平絮，有卷絮；有空心，有实心；有挺直的，有下垂的，式样繁多，品种复杂。菊花不仅可赏，还可食、可酿、可饮、可药，作用非常广泛。

菊花的欣赏价值独特，其花朵千姿百态，色彩姹紫嫣红，香味清幽隽雅。一年一度秋风劲，岁岁黄花分外香，在百花纷纷枯萎的秋冬季节，菊花傲霜怒放，所以历来被视为孤标亮节、高雅傲霜的象征，又因其花开于晚秋和具有浓香，故有“晚艳”、“冷香”之雅称。但在岭南之地，菊花多冬天开，屈大均《广东新语》载：“岭南菊，冬乃盛发，子瞻在海南，以十一月之望，与客泛菊作重九。有云：岭南地暖，百卉造作无时，而菊独后开。考其理，菊性介烈，不与百卉并盛衰，须霜降乃发。而岭南尝以冬至微霜故也……岭南华事，以菊始而不以菊终，华于正月，又华于十一二月。”“华”通“花”，每年春节前后正是岭南菊花盛开的时节，所以迎春花市上尤为丰富。

菊花档（孙海庆摄）

“质傲清霜色，香含秋露华。”菊花寓意清净、高洁，又被赋予了吉祥、长寿的含义，人们喜欢用它来装饰家居，连酒楼也以它作为“意头春节菜”，相继推出以菊花为主打的各式菜肴。

迎春花市上的菊花，可以单枝买回来做插花之用，春节期间的插花一般多以黄、白、紫3种菊花为主，配以华美的大丽花，加上剑兰、银柳等，讲究自然、淡雅、野趣，造型协调而有气势。一瓶之中，各色鲜花错落有致，相互辉映，寒冷的冬意就会被盎然的春意所取代。有的家庭在大花瓶上插株桃花或吊钟花，再用数枝菊花、大丽花等围住瓶口，寓意催人奋发向上，去追求更美好的生活。菊花不仅可以以散花卖，还以盆花的形式出售，厅堂宽敞一点的人家，则喜欢辟出一角，以各种盆菊摆砌“花山”，自然更有气派了。

广府菊花业最有名的是中山小榄镇，小榄镇又被称作“菊城”。小榄人与菊花结缘，可溯自宋末金元时期。当时中原战乱，士大夫避难南迁，南宋咸淳十年金秋，珠玑巷有部分难民逃至小榄，见当地土

地肥沃，气候温和，黄菊遍野，便欣然在此地垦荒定居，广种可以入餐的菊花。先民们将中原的菊文化与本地区的菊文化相交融，至清代，赏菊之风大兴，形成了独特的民俗活动——小榄菊花会。

5. 兰花——谦谦性情

兰，自古为著名的香草，“折茎聊可佩，入室自成芳”，天下第一香的兰花寓意美好、高洁，佩在身上可避邪气，而且只有品德高尚者才有资格佩带，此即“德芬芳者佩兰”。古代天子常将兰类植物赐予诸侯，朝野视之为国香。其香也淡，其姿也雅，其叶含正气，其花不浮华，被喻为“花中君子”，是中国传统名花。

兰花清净宁和，独自飘香；意志坚贞，神韵感人；幽情万种，灵韵动人。不与桃李争艳，不畏霜雪酷暑，不以无人而不芳，不将颜色媚春阳。文人墨客对她情有独钟，赞不绝口，周天侯《兰花咏》赞道：“绿叶淡花自芬芳，深山庭院抱幽香。惠质不堪逐流水，露华何妨润愁肠。何人轻步踏小径，几杯残酒倾三江。怜花还需解花语，花魂诗魄传潇湘。”正如诗云：“百花虽好无需问，惟有君子压群芳。”广府人不争、不语、不媚、不显、不露的谦谦性情都集中地体现在兰花身上，所以广府人极爱兰花。兰花属盆花一类，素有“观花一时，赏叶终年”的美誉，在插花花艺中，兰花也是被经常使用的主花，造型也丰富。目前花市上常见的兰花有君子兰、文心兰、拱手吊兰、银边球兰、虎头兰、朱顶兰、石斛兰、蟹爪兰、蝴蝶兰、大花蕙兰等。

兰花是迎春花市最多见的品种之一，是世界植物花卉冠军，种类很多。在品种形式上一般分为中国兰和洋兰。中国兰多生于地上，属土生植物。洋兰是分布在热带、亚热带的兰科植物，多吊生于空中，寄生于其他植物的杆上，属气生植物。有人欣赏中国兰的清雅秀丽、淡淡幽香，而有人则爱上洋兰的风姿和美艳。

据不完全统计，全世界有兰花 4 万多个品种，其中地生兰大部分品种原产中国，因此地生兰又被称为中国兰，是中国十大名花之首。中国兰花主要分为春兰、蕙兰、建兰、寒兰、墨兰 5 大类，有上千个品种。

比如墨兰又分很多种，红花墨兰，红色的花杆、红色的花瓣、红色的花蕊在墨绿色的花叶衬托下，非常显眼。广府人将其放在家里，表示玉洁冰清、超凡脱俗的志向。绿墨素兰，绿色的叶子、绿色的花杆、绿色的花瓣烘托着一个淡黄色的花蕊，就像在万绿丛中迸发出了无数个光点，使人神清气爽。广府人爱将其养于居室，表示来年独树一帜、业绩不凡。

广东兰主要有达摩兰、企剑白墨兰、鱼枕素兰、仁化白兰等。其中最珍贵的要数达摩兰，此兰属矮种，叶厚、宽、短，据说价值可达10多万美元。1987年，一株丹霞达摩兰在香港年宵花市上标价高达100万港币，当时世界上只发现两株达摩兰，另一株在台湾达摩庙发现，“达摩兰”名字由此而来，故被视为稀世珍品。

比起中国兰，洋兰花形奇特多姿，花色艳丽，且花朵硕大，颇有富贵之意，所以拥有越来越多的拥趸。广府花市上的洋兰基本以蝴蝶兰和大花蕙兰为主。

蝴蝶兰花姿如蝴蝶，亭亭玉立，以色彩艳丽、品种多样、姿态婀娜多姿博得世人青睐，有着“洋兰皇后”的美名，近年来红透了年宵花市场。蝴蝶兰原主要分布在菲律宾、马来西亚和我国台湾等低纬度热带海岛，20世纪80年代末90年代初进入广府迎春花市，一直是人们的宠儿。蝴蝶兰虽为“洋花”，但近年来花市上的蝴蝶兰却越来越国产化。越来越多的蝴蝶兰生产企业都看好红色系蝴蝶兰，因为年宵花卖点之一就是喜庆，传统的中国文化里，红色就是喜庆的颜色。蝴蝶兰行业发展出了很多色系的品种，可近年最受关注的是深红色。三益集团的大花型“红宝石”、花色深红的“三益美人”，昆明庆成公司的深红色系列，台湾玉山兰业的紫红色和深红色品种，都受到不少经销商的关注。

蝴蝶兰花档（谢中元摄）

大花蕙兰叶长碧绿，花姿粗犷，豪放壮丽，被称作世界上著名的“兰花新星”，在欧洲被称为“新美娘兰”。它的植株和花朵分为大型和中小型，花朵硕大，有黄、白、绿、红、粉红及复色等多种颜色，色彩鲜艳，异彩纷呈，花型整齐且质地坚挺，经久不凋，属豪华高雅型兰花。大花蕙兰具有中国兰的幽香典雅，又有洋兰的丰富多彩，有艳丽之花却无媚俗之态，有兰花之雅韵却无其羸弱气质，当红市场，确属实力所致。近几年花市上，进口的大花蕙兰凭借靓丽的卖相和出位的“身高”引领风骚。2005年，在越秀区花市，芳村花农刘先生卖的从韩国进口的大花蕙兰个头有1～1.5米高，每枝约150～200元，一盆四枝的黄色大花蕙兰约800～1 000元。作为一种高档的年宵花，它的定位就是节日礼品。机关单位或个人，乘春节之际，给领导、客户乃至朋友，送上一盆大花蕙兰，既有品位，不俗气，还能表现出君子之交的风范。由于进口大花蕙兰成本高，而国产大花蕙兰随着培植技术的进步，已和进口的相差无几，且价钱优惠，所以在市场上非常受欢迎。

大花蕙兰（谢中元摄）

6. 吊钟花——钟鸣鼎食

吊钟花，杜鹃花科，吊钟花属，原产广西、广东及云南等地，其花从一个个鳞包里吊下5～8朵，冠钟状，朵朵成束，好似铃铛吊挂，因形似吊钟，故称“吊钟花”，又名“铃儿花”、“倒挂金钟”、“吊钟海棠”、“灯笼花”。花期正值元旦、春节，长期以来作为吉祥的象征，为广东一带传统的年花，曾被誉为“岭南花坛盟主”。

吊钟花（来自花草丛的博客）

吊钟花，花筒悬挂于枝梢，潇洒飘逸，形态俊秀，有人称之为“花中娇女”，属盆栽之珍品。单是那奇特的花形已足使人叫绝，几十朵、几百朵玲珑娇小、银铃般的花朵倒悬在纤长的花柄上，一簇簇地挂满枝头，一朵朵半透明的小花，白色略染红晕，像颗颗玛瑙，晶莹醒目。花的基部鲜红晶亮，好像红宝石的花托，淡绿色的花蕊里还有一滴香甜的花蜜，娇嫩欲滴，每朵花都像能工巧匠用玉石琢就的小钟。

广府人岁末插吊钟花历史悠久，屈大均《广东新语》载：“此花并木折下，能耐久，腊尽多卖于街，土人市以度岁，取此花并木折下也。”清末徐澄溥《岁暮杂诗》有云，“双门花市走幢幢，满插箩筐大树秾，道是鼎湖山上采，一苞九个倒悬钟”，可知吊钟花早就受到人们的中意。广府还有风俗是，如果一芽吊钟花能萌发出九朵以上的花，就要为其系上红绸带，以示庆祝，称为“贺钟”。

吊钟花是广府人眼中的吉祥花，寓意“钟鸣鼎食”，家境兴旺，衣食无忧。以前仕宦人家喜吊钟，取谐音为“中”，科名得中也。吊钟花开花多、应时，俗语“金钟一簇簇，金银满地碌”，“金钟一响，黄金万两”，“吊钟”敲响了新一年美好生活之音，广府人认为这是好兆头，定会在新的一年里发财致富、财源滚滚。另外，更有一种说法是，男孩买桃花，行个桃花运，女孩买吊钟花，则有“吊起来卖”的意思。住在西关的廖小姐说：“女孩子在家中摆设吊钟花，希望可以早点出嫁。”总之，吊钟花适合各类人士，实为居家营商、过年摆设必备之选。

7. 银柳——财源广进

银柳又称作“猫柳”、“彩柳”，姿态高贵典雅，融合直立灌木枝条挺拔的特性和水柳纤细的美感，是一种优良的观芽植物。花期也很长，从 12 月至次年 2 月，可达 3 个月之久。当花苞成熟时，银色的绒毛花，在风中摇曳，闪闪发亮，银柳的美名就

银柳（谢中元摄）

是这么来的。银柳原产自北方，1963 年才第一次在广州花市上出现，但很快就得到广州人的宠爱。近年来在迎春花市上非常畅销，深受消费者喜爱。

银柳虽然没有兰花的珍稀、牡丹的富贵、菊花的绚烂、水仙的清香，但它独具一格的形体，却也同样赢得不少人的称赏。银柳枝干挺拔，花芽秀雅奇特，每年初冬，逐渐脱去棕色苞片，露出鲜红色的花蕾，宛如身着红衣的小姑娘般红润美丽；脱去艳红的芽鳞后，呈现银白色柔顺细毛的花芽洁白如玉，银光闪烁，姿态更为迷人清雅，剪下枝条即可上市。春节前，北方的银柳只是躲在芽壳里，但一到羊城就破壳而出，满枝闪着银光了，“门前银树花开放，开枝发叶在高堂”（广州民歌歌谣），非常应景。

银柳除单独插瓶外，还广泛用于插花艺术，是家庭室内装饰的理想材料，客厅、厨房或办公室都可摆放。人们经常把它插在瓶中，搭配简单的饰品，成为喜气洋洋的摆饰品，装点室内空间。在寒风中微微摇曳的枝条，挺立着洁白银亮的小绒球，像无数少女纤纤指尖，既丰润也俏皮，给寒冷而又凝固的冬天带来说不出的暖意和灵动。瓶插的银柳，春节后倒去水改为干插，其银白色花苞仍能终年不凋，干干的枝条上一个个可爱的银白色绒球，在古铜一般的苍劲深沉枝条的衬托下，另有一番妩媚风姿。

银柳名字与“银留”、“银两”、“赢了”谐音，银柳旺财又旺运，象征着财富及福气。岁末迎新之际，买银柳寓意着招财进宝、财源广进的好兆头。俗话说“插银柳，赚银两”，一粒花苞就代表了一锭银子，花苞越多，预示着来年的银子才会赚得更多，银柳的价格也就越高，所以那些花苞整齐、饱满，枝条及芽鳞色泽鲜红的银柳被认为是优质品。中国人逢年过节，凡事讲个吉利，在台湾地区，银柳除象征银两丰收、金玉满堂之外，不同的切枝长度，也代表不同的含义，例如 3 尺 1 就代表迎福、4 尺 1 就象征登科、5 尺 1 表示富贵、6 尺 2 祈求添丁、7 尺 2 招财进宝。长度不同，带给祈求幸福的人不同的想望空间。银柳在入市前，商家都要把尺寸剪得刚刚好，不多不少，因为一个不注意没量好，添丁恐怕就变成了劫财，那可就辜负了买银柳人的用意了。

因为广州人喜欢讲意头和追求多彩生活，春节期间，市场上供应的都染上了红、黄、蓝等色，或洁白如玉、银光闪烁；或鲜红欲滴、娇艳夺目；或鹅黄粉嫩、吹弹欲破；或翠绿凝蜡、高贵典雅……花苞像极了画家手里蘸满缤纷色彩的毛笔头，染色的银柳比素色的身价高得多也好卖得多。如果配以南天竺、象牙等切花，作为瓶插，置室内几案清供，不同的颜色、不同的姿态，就可以把冬天变成花枝招展的春日，把生活变成五光十色的花园。

8. 百合——百事合意

百合，属百合科，为多年生草本球根植物，原产地中国，现主要分布在亚洲东部、欧洲、北美洲等北半球温带地区，在全球已发现了百多个品种，其中55种产于中国。百合经人工杂交而产生了不少新品种，如亚洲百合、麝香百合、香水百合、火百合、姬百合、金百合等。

花档里的百合花（谢中元摄）

在广州年花中，百合一直也是年宵花的主要成员。百合是名贵的切花新秀，素有“百年好合”、“百事合意”之意，很合广府人过年讲究意头的心理。除了好意头外，百合还有着端庄淡雅的可人芳容，植株挺立，叶似翠竹，沿茎轮生，花色洁白，状如喇叭，姿态异常优美，散出隐隐幽香，被人誉为“云裳仙子”。

百合在插花造型中一般做焦点花、骨架花，如果用作家居装饰，完全可以从市场上随便买来一支，插在高挑柳腰造型的花瓶中，故它在迎春花市上长期走俏，历久不衰。需求带来市场，佛山市南海区很早开始种植百合，仅万顷洋百合花种植基地面积就已达80公顷，年产花量1 000万枝，产值达1.5亿元，是广东省规模最大、种类最全的百合花基地。三水区有4个镇街建了香水百合基地，面积超过13公顷，规模还在扩大。

9. 杜鹃——花中西施

杜鹃为中国传统名花，它以开花早、花期长、花型俏、花朵茂盛硕大、花色富于变化而被称为“木本花卉之王”。唐代著名诗人白居易对杜鹃花情有独钟，他所著“花中此物似西施，芙蓉芍药皆嫫母”的诗句为杜鹃花赢得了“花中西施”的美誉。

杜鹃花的代表品种，就是俗称的映山红，“鲜红如滴映霞明，火热媚丽数杜鹃”，花谢后满目青翠，又是美丽的观叶植物。杜鹃花体态风姿多种多样，有的枝叶扶疏，有的郁郁葱葱、俊秀挺拔，有的曲若虬龙、苍劲古雅。其花色更是繁多，有深红、淡红、玫瑰色、紫色、白色等，有的浓妆艳服，有的淡如西子，有的丹唇皓齿，有的芬芳沁人，真是各具风姿，姿态万千。对此白居易深情叹道：“回望桃李都无色，映得芙蓉不是花。”

西洋杜鹃（来自曹家长的博客）

这样色彩鲜艳、繁花满枝的杜鹃花，摆放在客厅，不仅可以用来粉饰家里的色彩，烘托喜庆氛围，而且杜鹃花有一到两个月的盛开花期，高、中、低档兼备，送礼、自养皆宜，一直是年宵花的主打品种。

杜鹃在全世界有 800 多个品种，其中我国就有 600 多种。目前，我国杜鹃种植面积已近 3 000 公顷，逐步实现规模化，形成了以浙江柴桥、福建永福和辽宁丹东为主的“两乡一城”发展格局。另外，江苏、湖南、四川、山东等地的生产规模也在逐年扩大，国内杜鹃花年销售总额可达 3 亿多元。来自荷兰、比利时的西洋杜鹃近年也非常受年花市场的欢迎。

一些杜鹃生产商在精心培育“造型杜鹃”。这种造型杜鹃大体分两种，一种是用野生映山红树桩嫁接比利时杜鹃培育出来的大型杜鹃花，另一种是由毛鹃嫁接比利时杜鹃后，将其盘扎成各种造型的盆景杜鹃。业内专家表示，造型杜鹃只是杜鹃花市场中的一个小小的点缀，杜鹃生产企业主要还得通过提高常规杜鹃品质或者节约生产成本来提升效益。

10. 牡丹——国色天香

牡丹是我国特有的木本名贵花卉，别称鼠姑、鹿韭、白茸、木芍药、百雨金，又有洛阳花、富贵花之称。其花大色艳、富丽端庄、芳香浓郁、婀娜多姿，而且品种繁多，被誉为“国色天香”、“花中之王”。光浏览芳名，诸如“醉杨妃”、“粉西施”、“娇容三变”、“飞燕红装”、“玉楼香”、“二娇”等，便可知人们怎样奇思妙想要把她比作天上人间的绝代佳人了。

牡　丹（唐韵敏摄）

牡丹花大而艳丽，花开时节，繁花似锦，灿烂辉煌。在大唐盛世，全国上下无不为之倾倒，牡丹花节成了长安的狂欢节，诗人刘禹锡不禁赞誉：“惟有牡丹真国色，花开时节动京城”；李白的“云想衣裳花想容，春风拂槛露化浓”，脍炙人口，成千古绝唱；更有皮日休写牡丹的好诗：“落尽残红始吐芳，佳名唤作百花王，竞夸天下无双艳，独占人间第一香。”自宋以来，牡丹即被称为“富贵花”。此说起自宋哲学家周敦颐《爱莲说》，他写道：“自李唐以来，世人甚爱牡丹”，“牡丹，花之富贵者也”。由此，自唐宋以来，牡丹成为富贵吉祥、繁荣昌盛的象征，并得以世代延续下来。

牡丹原产地中国，以洛阳、菏泽牡丹最负盛名。菏泽牡丹花大、色艳、型美、香浓，有“菏泽牡丹甲天下”的美誉。

盛开时粲然若锦、花香四溢的牡丹深受广府人的青睐。牡丹的自然盛花期为每年的4月中下旬，若要让其在春节期间绽放，则要提前三个月。传说武则天曾写下了“明朝游上苑，火速报春知。花须连夜发，莫待晓风吹”这首诗，命令百花连夜开放，唯有牡丹花拒不从命。一代女王武则天办不到的事，现在一个花农就能够做到了。为了使洛阳牡丹在广州迎春花市上亮相，离春节大约也就半个多月的时候，每隔一天，就要为每一朵牡丹花上药。同时控制温度在3摄氏度左右，这样就可以控制花期了，时间甚至可以精确到大年初一开花。

11. 凤梨——吉祥兴旺

凤梨，许多人信奉“凤梨花开，凤凰飞来”的吉祥花语，对它情有独钟，常将它与洋兰一起摆设欣赏。凤梨花期较长，花型优美，叶似莲座，花朵有的像歌星手握的话筒，有的像一把红色的短剑，有的酷似燃烧的火炬，有的宛若一片彩色的鸟羽……而且每棵母株基本上只开花一朵，单枝可谓“一枝独秀”，组合起来又可以形成“七星伴月”等奇观。

花市上人们将凤梨搬回家（孙海庆摄）

凤梨因为花型美丽，观赏期持久，一向被视为吉祥和兴旺的象征，是最流行的室内观叶、观花植物，作为客厅摆设，既热情又含蓄，很耐观赏，尤其是在冬季，更为人们的生活增色不少。

观赏凤梨原产于墨西哥至巴西南部和阿根廷北部丛林中，种类约50种。从20世纪80年代以来传入我国广东一带，90年代开始流行，1994年广州年宵花市每盆进口的凤梨售价150～200元，比西洋杜鹃高出3倍，都很快被爱花者买去。凤梨也曾在广东年宵花市场上艳压群芳，引领时尚数年。目前逐步实现了国产化，国产凤梨经过几年的发展，一些品种在品质上已经与进口凤梨同步，在花型花色方面已无差别。不同的是进口的凤梨叶子瘦小而且数量少，国产的叶子宽大并且数量多，原因是国产凤梨的生长期要比进口凤梨的长，叶子得到充分发展和成长。当前我国流行的观赏凤梨有水塔花、姬凤梨、蜻蜓凤梨、金边凤梨、彩苞凤梨等。随着凤梨价格降低到每盆几十元，凤梨已经由一种礼品花转变成大众消费的年宵花。

在广府迎春花市上，许多档主专门为一些鲜艳夺目的鲜花取了许多好名字，如“红运当头”，既吉利又好卖。凤梨最正宗的“红运当头”，花在株顶或中部开放，呈红色。如果是黄色，就不能叫“红运当头”了。火炬花是“红运当头”系列的第二大花卉，其花茎直立，高可达1米，挺拔的花茎高高擎起火炬般的花序，壮丽可观。花色有黄、橘红、红等。一般橘红色、红色的统称“红运当头”。

12. 富贵竹——富贵吉祥

富贵竹，又名万年竹、万寿竹、转运竹、开运竹、富贵塔、竹塔、塔竹，为多年生常绿灌木。富贵竹的美与它的吉祥名字分不开，其茎秆挺拔，叶色浓绿，长势旺，冬夏常青，不论盆栽或剪取茎干瓶插或加工“开运竹”、“弯竹”，均显得疏挺高洁，姿态潇洒，极富竹韵，故而很受人们喜爱。

中国有“花开富贵，竹报平安”的祝词，富贵竹树姿大方素静，挺拔向上，象征富贵之态，于是就有了“大吉大利”、“富贵吉祥”、“富贵一生”、“节节高升”、“青春永驻”的寓意。

富贵竹（谢中元摄）

富贵竹性喜温暖湿润及遮阴的环境，喜散射光，忌烈日暴晒，病虫害少，容易栽培。富贵竹观赏价值很高，可盆栽种植，宜疏松肥沃的土壤；也可瓶插水养，只要半瓶清水，养于透明的玻璃瓶中，不需要过多的眷顾，就能健康茁壮地成长，碧绿油亮的叶子郁郁葱葱、英姿飒爽地站在花瓶里，仿佛在炫耀着它们旺盛的生命力。用于布置书房、客厅、卧室等处，可置于案头、茶几和台面上，显得富贵典雅、玲珑别致，颇耐欣赏。

富贵竹常做成以下几种艺术品观赏：“开运竹”，又叫富贵塔、竹塔、塔竹，其层次错落有致，造型高贵典雅，节节高升，层层吐绿，形似宝塔；“弯竹”，又叫转运竹，有螺旋形、心型、“8”字形等组合，意味着转来好运；“竹笼”，在培植时人工编织成笼状，取富贵缠绵、竹笼入水、财源广进之意；“直枝”，多枝扎成一束或散插在花瓶中，造型生动，待各枝顶芽开叶后更显得生机勃勃，大有节节高升之势；“千手富贵盘”，先将多枝富贵竹有规律地栽于盘中，培植时人工编织，形如千手观音，如意吉祥；“竹篮”，用直枝扎成篮的底盘，并用两支“7”字形的弯竹作篮柄，也可加上两支“O”形弯竹作装饰，创造出篮的艺术造型；“花瓶”，用直枝扎成，中间留空，用作插花，也可配合选用弯竹作衬托。

13. 猪笼草——财源滚滚

猪笼草又名猪仔笼，为猪笼草科多年生草本植物，是有名的热带食虫植物。猪笼草拥有一个独特的吸取营养的器官——捕虫笼，捕虫笼呈圆筒形，下半部稍膨大，笼口上具有盖子，因为形状像猪笼，故称猪笼草。猪笼草笼口盖平常是半开着的，笼叶颜色鲜艳，笼口蜜腺能散发芳香，以“色”和“香”引诱昆虫入笼，因其笼口内壁光滑，昆虫容易滑落笼底，之后笼口盖马上自动关闭。猪笼草的消化液中含有使昆虫麻痹的胺和使之中毒的毒芹碱，因此落入笼内的小虫子浸泡在消化液中，很快便中毒身亡。小虫子被消化后，就为猪笼草生长提供了营养。

世界上的猪笼草有 70 多种，不同的猪笼草，捕虫笼的形状不一样，颜色也不相同，有绿、黄、红等色彩。我国华南地区虽然有野生猪笼草分布，但应用很少。直到 20 世纪 80 年代，才从国外引进了猪笼草优良品种，用于花卉展览。猪笼草独特之处在于那极像笼子的叶子，也正是由于叶子的形态新奇，富有天然野趣，使许多人乐于解囊购买，常用于盆栽或吊盆观赏，点缀客室花架、阳台和窗台，或悬挂庭园树下和走廊旁，既优雅别致，又可捕捉蚊虫。目前，许多大中城市的花卉市场都有猪笼草出售。

猪笼草（谢中元摄）

粤谚有句话叫“猪笼入水——道道来”，通常用来形容一个人财路亨通，财富从四方八面滚滚而来。对于以水为财的广东生意人来说，猪笼草具有“财进了就不会流出去”的好意头。摆设猪笼草寓意“猪笼入水，财源滚滚”，由于它的笼子看起来像一个个漂亮的钱袋，故而又有“袋袋平安”的祝福，成为喜欢讨个好意头的广府人欢度新年、点缀家居的新宠。尤其是猪年，猪笼草更是风靡一时，花农们在猪笼草精致的猪笼里面装满金币巧克力和矿泉水，称作“猪笼入水，银纸装唔晒（粤语，装不完）”，真是别出心裁，相当讨喜，吸引了要买“好意头”的市民购买，爱吃巧克力的孩子也缠着父母要买。

14. 郁金香——庄严华贵

郁金香是多年生草本植物。叶子宽而长，花色有红、白、黄等许多种颜色，花心呈紫黑色，花瓣为倒卵状，果实呈棒状像芦苇。在10月种上像蒜头一样的根，等到第二年3～6月就会开花，花期一般为两个月。郁金香像牵牛花一样，白天舒展着花瓣，迎风起舞，等到夜间就像害羞的姑娘，收拢起了花瓣。

郁金香花型美丽端庄，花梗刚劲挺拔，高的可达30厘米以上，花瓣厚实，不易凋谢，经得起扎制加工，易保鲜贮运，是很好的切花材料，叶片秀丽素雅，抽生的花梗顶托着荷花似的花朵，有杯状型、球型、百合型、锥边型、单瓣或重瓣，按花期还可分为早花型、中花型、晚花型。花色艳丽多样，常见的花色有深浅不一的大红、洋红、粉红、品红、玫瑰红、橙、黄、白、紫、褐……最贵重的还是黑紫色的黑郁金香。19世纪，法国作家大仲马所写的传奇小说《黑郁金香》，赞美这种花“艳丽得叫人睁不开眼睛，完美得让人透不过气来”。郁金香不像牡丹、桃花那样有自然舒卷的慵懒，她的艳丽之中蕴含着几分硬朗，花瓣艳丽而纯粹，花冠总显得完整无缺，有时候恍然觉得整朵花都涂着一层蜡以抵抗

郁金香（了了摄）

外界的侵袭。

郁金香是有着“欧洲的花园”之称的荷兰的国花，是美好、庄严、华贵和成功的象征。传说在古欧洲，有一个美丽的姑娘，同时受到三位英俊的骑士爱慕追求。一位送了她一顶皇冠；一位送她宝剑；另一位送她黄金。少女非常发愁，不知道应该如何抉择，因为三位男士都如此优秀，只好向花神求助，花神于是把她化成郁金香，皇冠变为花蕾，宝剑变成叶子，黄金变成球根，就这样同时接受了三位骑士的爱情，而郁金香也成了爱的化身。由于皇冠代表无比尊贵的地位，而宝剑又是权力的象征，而拥有黄金就拥有财富，所以在古欧洲只有贵族名流才有资格种郁金香。

广州最冷的一月月均温只有13.3度，无法满足郁金香对温度的要求，只能以冷藏和促成栽培的方式，在春节花市上以小盆栽的形式出售。因此每年要花费大量外汇进口种球。

（三）花语背后的“求实重利”心理

广府人的“花意头”情结与“求实重利”的传统心理大有关系。

岭南因为远离中原，少受中原政治风云波及，经济发展较平稳，而且传统文化的束缚也较少，商品意识在人们头脑中很早就被普及。自汉唐以来，以广州为首的广府地区一直是中国历史上重要的对外贸易基地，商业贸易发达，广府人敢于且善于经商。广州是不衰的古港，是海上丝绸之路的重要发祥地。据历史记载，早在汉武帝时期，广州就有船队远达东南亚、南亚进行海外贸易，东汉时，外贸航线已延伸至波斯湾沿岸，被誉为“海上丝绸之路”；唐宋时期，广州就是一个繁华的港口城市，有感于此，唐代大诗人白居易认为中原传统文化是“忧道不忧贫”，而广州习俗则是“忧贫不忧道”。

明清时期，广州的“十三行”风头正劲，海内外商贾贸易更是盛况空前，被誉为富甲神州的“天子南库”，以广府人为主干的“广帮商人”驰名全国。明朝著名的戏剧家汤显祖当年游历广州时，对这座当时已拥有60万人口的国际贸易大都市之喧闹繁华气派惊叹不已，当即赋诗抒发感慨：“临江喧万井，立地涌千艘。气脉雄如此，由来是广州。”清代广州的繁华景象更令人神往，“番珠犀象如山，花鸟如海，饮食之盛，歌舞之多，过于秦淮数倍”。

最初的花市，在商业繁华地自发聚集而成，晚清广州最兴旺的花市在藩署前、双门底花市（今越秀区北京路、中山路交界处），这里是城区中心，人流荟萃，文房用具、线装书籍、刻印、古玩金石、成衣、苏杭杂货的零售店等商铺林立，商业气息浓厚。民国时期最大的花市在西关太平门外的浆栏路（今荔湾区光复南路），清末广州的商业大户多在这一带开设商号，广州商业系统中重量级的行业包括钱庄、绸缎、金铺、参茸药材、百货、京果海味、商店酒楼等均在此设店营业，商业氛围极为浓厚，著名的十三行就设在这里，一时成为广州的商业中心区。商业旺地聚集了人气，人气带来财气。

商业带来巨大的财富，也带着很大的不稳定性和“机会主义”特点，所以广府人祖祖辈辈在经历了无数艰难坎坷和挫折，与种种不如意现象进行抗争之后，内心深处常常祈求“无所不能”的神明或祖先保护自己。广府人信巫尚鬼之风，伴随着商业的发展，在汉代开始流行，到民国甚为浓郁。各地神庙星罗棋布，据民国《佛山忠义乡志》所载，仅南海所属的佛山镇，就有大小庙宇54个。广州神诞表所列的神明就有40多位，金花庙所供奉的尊神达98位，东莞城隍庙所录出的神明亦有65位。广府人信奉的神尤以拜财神最虔诚、最殷勤，商家常年供奉关公为财神。每年花市上，“财神派利是”是不可缺少的活动。这些带有浓厚迷信色彩的活动，充分反映了广府人普遍追求富贵、平安、喜庆的心态。

广府人相信，春节买点靓花，来年便能行个好运。买花当然要去花市，“花市者，花开利市”。“利市”一词早在《易经》中便有记载，带有本少利多的意思，根据《易杂注》所载：“营商利市，营达利事”，生意人派的叫利市，取其有利于做任何事情的意思。元代《俗谚考》亦提及“为了吉兆，要向主家讨个利市”的说法。由此可见，利市亦有好运的意义。春节期间，广府人喜欢在家里摆橘树、桃花，枝头挂上“利市”包，追求喜庆吉利的效果。这一点很像外国人过圣诞节时在家里摆圣诞树，挂满圣诞老人的袜子。“利市”，又叫“利事”、“利是”，也就是红包，广府人过年流行派利市，已婚者要给未婚者派利市，长辈给小孩派利市，领导给员工派利市，讲究的就是一个“意头”，利市封内装多少纸币则不拘，上百者有之，五块十块也可，一块两块也行，但没有利是即为无礼，所以春节期间到广府人家里做客，要多带几个利是封为好。利是派出去的时候，对方迎以笑脸和祝福语，这封利是就像捡回了一份欢乐，双方都兴高采烈。

广府人对花充满了敬畏之心，喜欢在店铺、居室摆放鲜花，以祈求生意顺风顺水，平安富贵。因为粤语中，“花”和“发”同音，花钱花钱，有“花”才有“钱”。从商者认为花开富贵，甚至认为商业的盈亏与花的荣枯有关系。工商业大户业主平时没有时间，多利用春节假期购花，并且肯出高价。春节前买花，渐渐变成一种潮流。花贩们为迎合主顾们的需求，在岁暮集中供应。也正是这种浓厚的商业氛围，广府人顺应花业趋势，使之更加兴旺。长而久之，人们口耳相传、约定俗成地赋予了花吉祥寓意。除了传统的花语，在港澳流行的西方花语也容易流入广州、佛山等地。这样一来，花语花意越来越丰富，年花销得更旺，花商赚得眉开眼笑，市民买得称心如意，真正是皆大欢喜。

七、彩楼高叠庆新春

——花街牌楼的文化意蕴

从高空俯瞰“花街”，可以看到人潮涌动，灯光璀璨，蜿蜒若龙，这一盛况中最为夺目出彩的应是牌楼，属于画龙点睛之笔，是迎春花市的压轴节目，也是十里花街的最大亮点。在人流高峰时段，色彩华丽、外观喜庆的牌楼前聚满了拍照的市民，闪光灯闪个不停，场面热闹无比。也难怪市民如此追捧花市牌楼，牌楼不仅绚丽喜庆，还把深刻别致的民俗意蕴、丰富多彩的地域风情集于一身。

（一）花市建牌楼的因缘

花市牌楼，源自“牌坊”。在我国古代建筑中，牌坊较为常见。牌坊是一种门洞式的建筑物，脱胎于坊门，坊门起源于望柱（汉代也称“交午柱”，一纵一横相交叫做午）。晋代人崔豹《古今注》中说这就是“今之华表”。华表两两对峙，若从两只华表上端用横木连接，便成了最简单的牌坊。牌坊一般三门、五门、七门洞开，洞开数越多，名势愈显赫。牌坊分为纪念牌坊、旌表牌坊和过街牌坊三种。纪念牌坊和旌表牌坊多以砖石结构为常见，一般只有单枝立柱，上刻题字，旧时多建于庙宇、陵墓、祠堂、衙门前或园林前后，用以宣扬礼教，标榜功德。代表性的有功德牌坊、贞节牌坊、百岁牌坊等。而过街牌坊以木构重檐为最常见，多施以油漆彩绘，形式上比一般牌坊要复杂许多，起码是两层三脚四足以上筑物，下面供人通行。

过街牌坊又称牌楼，与封建礼制没什么关联，只是街景的点缀、方位的坐标，供人欣赏和辨向。过街牌楼曾在旧时广州双门底（今北京路）、四牌楼（今解放中路）密集出现，但都随时光流逝而消失了。

旧时的牌楼多用竹、木等扎彩搭成，常以木为主柱，用木板或竹排作间隔。牌楼所用的棚面由主柱、傍柱、傍脚、栏杆、花边、花窗、诗屏、对联等组成，或装配成套的美丽神话、历史故事，有时也植入数寸高、用竹丝织成的工艺品。棚面绘以山水、人物、楼阁、龙凤、花鸟等图案，表层的竹篾被彩绘、描金或涂平。牌楼上较大的竹织人物造型则穿上衣服袍子，佩戴金饰玉器，看上去栩栩如生。牌楼多制作精致，令人叹为观止，完全是“巧搭装成龙宫殿，精工砌成凤凰台”。旧时牌楼虽奇特精美，如今却只能从发黄的老照片中追忆当年的盛况了。

花市牌楼由过街牌坊演进而来，横跨路面，兼具欢迎、借景、照明的功能。花市牌楼分主牌楼和副牌楼。主牌楼仅一个，一般是建在繁华路段，副牌楼可以有多个。花市牌楼最首要的任务就是营造新年气氛，喜庆新年，所以色调多用红、黄两色。对于中国人来说，红色为尊、为大、为喜、为吉，但凡佳节或是喜庆的日子，都必然看到红色。红色不只是一种颜色，“中国红”表达着欢腾、丰收、热烈、祈福、迎祥的节庆气息，象征着中国人积极热情、团结奋进、百折不挠的民族品格。“中国红”有日子越过越红火这一寓意，流淌出新春的喜悦，寓意火红盛世，是一个具有无限扩张能力的符号。黄色是古代天子的专用色，代表高贵威严，明亮的黄色给

1993 年**广州越秀花市主牌楼**（广州市越秀区档案局供图）

1993 年**广州越秀花市副牌楼**（广州市越秀区档案局供图）

人以阳光和煦的温暖。兼用红、黄两色，再杂以紫、绿、蓝等色彩，珠联璧合，令传统的春节喜庆味十足。

一旦看到广州各地开始搭建牌楼，人们就意识到春节就要来临了，是时候置办年货，为除旧迎新做准备了。各地迎春花市一般都精心搭建高大雄伟的主牌楼，并点缀以各种各样的灯饰，待夜幕降临，华灯初上，流光溢彩，缤纷璀璨，浓郁的喜气弥漫开来，人们立即就能感受到过年的味道。牌楼纵深处，十里花街一片香，穿过牌楼，踏入花的海洋，一场温馨喜庆的狂欢盛事正式开始，心中的欢乐恣肆飘扬，无比美妙。

（二）牌楼从素朴到华丽

花市牌楼一般只随花市亮相三天，花市结束后即被拆除。平常是无缘见到花市牌楼的，它只为春节而生。花市牌楼从早期的简单、朴素，到现在的精妙、华丽，穿越了一段不算平凡的历史。如今，只能借助那些泛着岁月光辉的照片，去辨识、触摸和重温当年花市牌楼的姿容和风采。

1963 年的教育路花市牌楼，是目前能从照片见到的最早的花市牌楼。约半个世纪前的牌楼，从照片看虽已一片斑驳陆离，但人影幢幢、喧嚣繁华的景象依稀可辨。这个没有纵深跨度的单体建筑，以三门洞

1963 年教育路花市牌楼

（广州市档案局供图）

1978 年教育路花市牌楼，仿北京天安门

（广州市档案局供图）

开，上方斗拱檐屋，门下悬挂灯笼，檐边由彩灯点缀，隐约可以看到“年宵花市”的题名，两边贴有对联。在那个物质贫瘠的年代，还能设计出如此绚丽喜庆的牌楼，是一件了不起的事情。1978 年，广州教育路花市牌楼仿北京天安门建成，上书“迎春花市”四字，亮灯后通体黄中透红，这在当时算是很有轰动性的一大创意。20 世纪 80 年代，改革开放给南粤大地吹来了春风，花市牌楼的形状虽是门的形状，不再千篇一律，除了保留灯笼、红旗、电动灯这些配饰之外，还增加了生肖、屏风、大型山水国画等。1984、1985、1986、1989 年，广州越秀区陆续四年在牌楼上设置了“彩虹”标志，“彩虹”元素被频繁运用。这一做法耐人寻味。彩虹，是雨后的绚烂，奇迹的代名词，象征着“不经历风雨怎能见彩虹”，经历了“文革”阵痛的广府大地，正迎来改革开放的旭日春风。

1993 年教育路花市的牌楼聘请广州市信息技术发展公司设计，构型复杂绚丽，惹人眼球。1994 年以荔湾区的牌楼最具特色，一

1984 年越秀区花市主牌楼（广州市档案局供图）

1995 年广州东山区花市牌楼（广州市越秀区档案局供图）

2004 年越秀区花市主牌楼（广州市越秀区档案局供图）

座高15米、宽16米的牌楼上安装了2 000多只灯泡，形成一个光辉闪烁的大门，霓虹闪烁产生的华丽效果非同一般。逐渐地，花市牌楼的规模越来越壮观，设计越来越靓丽。

进入21世纪以来的花市牌楼，牌楼几乎没有一年是重复的，不同的地方有不同的设计，造型上年年有创新。2007年佛山南海区建造了一个高13米、宽41米的牌楼，号称佛山当年最大规模的牌楼，2008年佛山禅城区打造的宽43.8米、高15米的大跨度双门型牌楼，全灯饰环绕，气势上更为恢弘。2008年天河花市的整体布置，仅设计就用了4个月，制作用了1个月，整个花市由花档、主牌楼、东西牌楼、副牌楼、锣鼓龙舟、古城墙、十二生肖广场、激光动漫等局部设计构成，形成了一个独一无二的场景，气派非凡。2009年越秀区西湖花市设计出号称最“牛”的花市牌楼，共有10头牛狂奔，稍后出炉的荔湾花市牌楼很快将其超越，以巨型牛头打造牌楼主体，两旁还有100头小牛相映衬，堪称“百牛”盛景。

2009年越秀区西湖路迎春花市牌楼
（广州市档案局供图）

（三）多种多样的造型元素

牌楼是一个整体创意，是传统风格与现代工艺的结合，讲究的是造型别致、寓意丰富、雅俗共赏，不仅要美轮美奂，又要具有浓郁的地方特色，还要彰显出大时代的主旋律。最通常的做法是通过一些寓意丰富的造型元素、造型符号，来达到内容与形式的统一。

牌楼最常用的造型符号，自然是十二生肖了。生肖起源于我国2000多年前的远古时期，是华夏先民动物崇拜、图腾崇拜的结晶。鼠、牛、虎、兔、龙、蛇、马、羊、猴、鸡、狗、猪，12年一轮回，所以每年牌楼必不可少的就是这些可爱的动物们。如果恰逢猪年，各种造型的猪就会竞相粉墨登场。2007年猪年，天河区花市牌楼上出现了两只憨态可掬的运动小猪，一只在举重，一只在跳绳；海珠区花市牌楼上则是一只10米高的花猪与群立的小彩猪；越秀区西湖花市牌楼别出心裁，一只巨型金猪旁环绕着多只活泼调皮的小猪；越秀区东湖花市牌楼比较浪漫，一对穿着节日唐装的“情侣小猪”手捧金元宝笑口常开，相当有趣。碰到鼠年，平时人人喊打的老鼠这时却不再让人讨厌，拟人化的造型，穿上人类的各式服装，跳舞的、作揖的、娶亲的，极尽俏皮之能事。到了牛年，就该轮到牛出来一展风采了，可爱的奶牛兄弟、黄金斗牛、牛头风车、奶牛棒槌、顶着“五代同堂”的金牛，到处都洋溢着“牛”的气息。如果是虎年，老虎则成了主角。如果是兔年，兔子则是当家花旦……真可谓是“生肖年年有，今年到我家”，腾跃欲起的骏马、俯视人间的金猴、仰天鸣啼的金鸡、可爱淘气的宠物狗、盛装含笑的兔子，出现在各年度牌楼的醒目位置。生肖动物们穿戴的不是现代化的西服、领带，就是汉服唐装，还有清末民初的服饰鞋帽，如戴瓜皮红色小帽，上钉披霞，身穿京式元绉棉袍、竹根青马甲，足穿旗装镶鞋等，创意十足。

2004年广州越秀花市副牌楼是一只喜庆的“猴”
（广州市越秀区档案局供图）

此外，各地还会充分利用地域元素来打造广府特色，使花市牌楼的风格更为多样。像五羊、木棉、剪纸、骑楼、西关大屋、祖庙、海水、浪花等广府文化元素是牌楼的“常客”。2004年，广州荔湾区花市牌楼的设计首次采用具有岭南人文气息的“西关大屋”图案，配以彩灯，金碧辉煌，引来市民一片叫好声，利用西关风情来展现荔湾深厚的传统和极具特色的文化底蕴已经成为荔湾区花市的特色。2005年，越秀区花市主牌楼结合古城楼、花牌与灯饰设计，再现规模宏伟的“双门底”古迹。2010年，广州萝岗区花市牌楼主体以富有独特岭南文化特色的“骑楼”建筑造型进行设计，两边排开的楼阁与中央楼阁形成一个“品”字形布局，前有明堂财气、后有文昌官气，吉利祥和的寓意蕴含其中，表现出新春的祥瑞气氛，具有浓浓的岭南文化气息。佛山有佛山的风情，像祖庙、石湾公仔、剪纸、木版年画、花灯、陶艺常常现身于牌楼，2011 年中心花市的牌楼设计中采用了舞狮、剪纸、白兰花等佛山元素，地方特色十分浓郁。

广府人务实尚利，重商求财，花市牌楼更少不了金元宝、财神像、古钱币等财富元素。每年必不可少的还有寓意喜庆吉祥的中国传统元素，像中国结、祥云、福字、灯笼、锣鼓、龙舟、鞭炮、古城墙、风车、彩虹、彩带、帆船、宝珠、稻穗、书简、桃子、莲花等随处可见。

还有很多时尚、创意元素也备受青睐，如变型数字、英文字母、网络新语、动漫人物等都是花市牌楼常用的造型元素。2010 年广州花都区花市牌楼主体以字母“M”造型，除了代表财源广进外，也代表了“圆圆满满，满载而归”的美好愿望。灯箱宣传栏犹如两幅展开的画卷，一幅书写着花都区过去的辉煌，另一幅展示了花都区现在的成就，并展望来年再创辉煌。

2008 年越秀区西湖路花市牌楼夜景（广州市档案局供图）

花市牌楼紧跟时代脉搏，少不了运用一些反映国家大事的符号，表达对民族盛事的祝福。2008 年喜逢奥运盛会，各地牌楼纷纷运用了奥运五环、福娃、奥运火炬等各类奥运元素。广州喜迎亚运，“亚运”成为 2010 年花市牌楼唱主调的元素，西湖花市主牌楼首次运用 LED 显示屏，以南越宝鼎燃烧圣火为主体，“宝鼎”上方是动态的火焰般巨型的 2010 年亚运会徽，寓意亚运圣火熊熊燃烧。东湖路花市主牌楼左侧的亚运旋风、两边的高大火炬、前面的亚运吉祥物，表达出对亚运盛会的祝福。

（四）牌楼反映了时代主旋律

新中国以前的年宵花市纯属民间性质，由花农和花商自发到固定地点摆卖花卉，牌楼是无从建起的。新中国成立后，花市统一由政府筹办，这才诞生了花市牌楼。政府角色的介入，一方面使花市由自发行为变成一个有计划、有组织、有保障的民俗活动，政府充分借助中国最大的节庆——春节，为花市的年年举办，为市民“行花街”提供了资金支持和后台保障；另一方面，政府作为一个官方主体，难免把花市作为一项市政行为、民生工程来举办，如通过花市宣传政府的政绩，并借此强化着人们对主流价值观念的认同。

作为花市最盛大的门面，除了营造喜庆的春节氛围，为花市造势，为市民们提供一场华美视觉盛宴外，还深深镌刻着时代的印记，成为反映时代主旋律的一面镜子。这个吸引着人们眼球的牌楼，年年都会透露出社会风尚的风影、官方话语的痕迹、国家声音的回响。如果说改革开放以前，牌楼上荡漾出革命、政治气息；改革开放后，经济、文化飞速发展，社会的审美标准不断提升，牌楼上的风景变得开放大气，渐渐成为和谐盛世的生动注脚。

1965 年，“文革”前夕，广州太平路花市的牌楼正中书写着毛主席的《咏梅》词，意在宣扬新时代革命者的永不屈服、豪迈激昂，吻合了当时“山雨欲来风满楼”的社会局势。1966 年，教育路的中心花市牌楼高达三层，上面赫然写着“为实现第三个五年计划而奋斗！”的标语，太平南路迎春花市的牌楼上红旗招展，正中间是两行金光闪闪的大字：“雄文四卷光日月，五年计划建河山。”“文革”爆发后，广州迎春花市停办了五年。到了 1974 年，“继续搞好上层建筑领域的社会主义革命”的巨幅标语横贯于广州各花市牌楼，弥漫着一股浓浓的斗争气息。“文革”后期，也就是 1975 年，牌楼主题发生了微妙的变化。教育路花市牌楼写着“坚决贯彻四届人大精神”10 个大

1965 年太平南路花市的牌楼：红色的巨柱耸立两侧，正中一横墙写着毛主席的《咏梅》词（广州市越秀区档案局供图）

字，两侧垂着红丝绸带，一边写着“认真执行和勇敢捍卫新宪法”，另一边写着“掀起社会主义建设新高潮”的标语，政治斗争的火药味悄然变淡，开始反映社会主义建设的新篇章。

1978 年、1984 年分别召开了十一届、十二届三中全会，广东迎来改革开放的春风。各地花市牌楼的主题顺势而转，不再把阶级斗争当作关键词。1984 年东山区花市建起高 9 米、宽 10 米的五彩缤纷大牌楼，两旁悬挂对联“万户讴歌颂四化，十亿神州展宏图”。1985 年黄埔区花市牌楼上悬挂“贯彻十二届三中全会精神”的主题横幅，催人向新时代奋进。1987 年，广州花市首次统一主题——繁荣、文明、美观、安全。20 世纪 80 年代广府各地花市牌楼上都是红旗飘飘，释放出建设者的万丈豪情。

20 世纪 90 年代，我国进入第八个五年计划，花市主题又随着时代变化而改变。1991 年，羊城逢羊年，广州全市八区花市的牌楼均以“双羊齐放，八五图开”为主题，表现繁荣安定、文明进取的盛世景象。1992 年是猴年，广州花市主题变成了“金猴献红桃，羊城铺锦绣”。1993 年，广州人均生产总值超万元并首次跃居全国第一，1994 年根据农历狗年特色，确定花市主题为“花市犬岁千家乐，春满羊城百业兴”。2000 年“千禧龙腾”成为主题，越秀区、东山区牌楼上，均是两条金龙腾跃而起，遥相对应，以示对盛世的热烈呼唤。进入 21 世纪以后,“和谐、创意、科学发展、奥运、亚运”等关键词渐次成为牌楼的主题。

以近 7 年广州市海珠区迎春花市主牌楼的设计为例，人们可以非常明显地感受到牌楼对时代精神的承载，对主流意识形态的表达，对经济繁荣、社会稳定、政通人和、国泰民安的“盛世和谐”文化景观的倾情演绎，真是一场场名副其实的盛世“叙事”。

2005 年，为了映衬鸡年的喜庆气氛，海珠区花市牌楼特地以“鸡”为主轮廓，左边是一只高昂着头、展开双翅的雄鸡，在雄鸡的右边是海珠区经济发展的象征——琶洲国际会展中心。这个壮丽的牌楼耗资 40 多万元，加上其他如电力、花架及维护费用，至少花费 200 万元，花市期间吸引了近 200 万市民前来参观。

2006 年，主牌楼设计沿用“和谐海晏人为本，科学珠莹犬岁融”的构思，牌楼拱门远观似鸡冠形状，寓意鸡年即将过去，鸡冠上方两

只形象活泼的卡通小狗奔向前方满载的粮仓，寓意狗年飞奔而来，在新的一年各项事业更上一层楼，各行各业喜获丰收，约 10 米高的金色彩狗承载着丰收、吉祥的美意。在拱门右侧悬挂直径约 1.5 米的巨型大红灯笼，灯笼上喷画民间剪纸艺术图案，灯笼慢速旋转，预示来年海珠区各行各业好运不断、财源滚滚。

2007 年，主牌楼设计以“猪年花开，社会和谐”为主题，用雕塑造型的空间概念结合传统审美要素，打破以往花市牌楼平面化的装饰手法，以立体群雕的形式，塑造厚重、震撼的视觉效果，层层深入地营造花市入口。5 只披红戴绿的彩猪，寓意五彩海珠的繁荣和兴旺；每只彩猪带着闪烁的光环，象征海珠区的建设日新月异、美丽迷人。同时，把高大的底座设计为礼品盒的形象，礼品盒的方格中以灯箱的形式介绍海珠区多方面的成就和文化名胜，人群在礼品盒中流动着进入 9 米宽、10 米高的主入口，五彩缤纷的色彩、现代与民间艺术结合的表现手法，使整个环境气氛既热烈喜庆又高雅活跃，更富有动感。以大海的蓝色作背景，流畅的线条作海浪定义海珠区，奔腾向上的海浪是团结奋斗的力的象征。

2008 年，主牌楼设计用“金鼠迎春，富贵吉祥”的构思，用现代几何的形式来构成主牌楼的立体空间，结合我国民间传统艺术的装饰手法，简洁、大方，以庆祝传统节日——春节。

2009 年，主牌楼以“科学明灯来引路，高歌一曲唱和谐”为主题，牌楼上方设有“海水和浪花”，左右两边有一副“海阔花繁奔首善，珠光年气缀和谐”的对联，充分体现海珠区的特色。主牌楼高 15 米、长 22.6 米，设计运用“A”字的结构形式来构成主牌楼的立体空间，力求丰富、大气，塑造稳固、崇高的感官意象。主牌楼的左右分别是两组三个向上递增的红色平台，隐喻改革开放 30 年来步步进取，红红火火；连接两组平台的是一条七彩的天桥，天桥上的“浪花大潮”中的“科学发展”标志，点出当今（海珠）改革的趋势。扭转的五线谱像飘带又像彩云，贯穿在各个红色的平台中，音符在线上飞舞，象征人间的美好。四个盛装的小牛吉祥物站在平台上向过往的人们拜年，致以新春的祝贺。营造出“乐韵悠扬，祥和温馨，一派和谐喜庆”的新年气氛。

2010 年，主牌楼主题“五福临门，祈愿和谐”，运用创意元素

“福”字古今结合的独特美术变化手法，既有传统节日气氛，又有现代时尚元素。门楼造型运用福字的田字底，改变成古代金铜钱的独特圆形呈吉祥造型，寓意“福运”会带给广大市民美好的幸福。牌楼中间的“口”字也放有5只可爱的老虎，寓意“五福临门”，副牌楼则是亚运吉祥物“五羊”。

2011年，海珠区花市主牌楼设计以“玉兔呈祥”为主题，主造型为一个巨大喜庆的红灯笼。寓意喜庆、丰收过大年的欣荣景象，造型中大红灯笼、剪纸、挥春等元素将中国传统文化表现得淋漓尽致。一朵朵浪花衬托起海上的明珠，集中体现了“绿色海珠、科技海珠、人文海珠”的内涵，也可理解为祥云围绕的圆月，寄托“海上升明月，天涯共此时”，新春佳节亲朋好友欢聚一堂的美好景象。

2011年，海珠区花市牌楼灯光熠熠，喜庆热闹（龙建平摄）

时代主题决定花市牌楼风格。从1950年至今，60多年过去了，人们把对民族传统、现实改革的认同，一年一年地浓缩在了花市牌楼当中。牌楼，见证着经济的发展、社会的进步、文明的飞跃。盛世时代的牌楼，又不断提醒人们关注并珍惜已经到来的幸福，同时满怀信心地期待与憧憬“明天会更好”。

八、行到街深溢诗情

——花市艺术的惠风雅韵

在永远温煦如春的南国怀抱里，千花百卉沐着惠风雅韵，灿烂地开、热烈地放。千年绵长的悠悠花事，凝结成喧闹不息的“行花街”民俗。清词丽句、书画曲艺，与广府的百年花市，注定有一场精彩绝伦的邂逅。“十里花街”，这个见证世俗烟火的不老传奇，默默地接通广府文脉，与生命同往，携岁月留痕，多少文人骚客为之击节倾倒，乐于绽放绝代才华，留下惊世奇葩。是花韵孕育出了艺术，还是艺术照亮了花韵，羚羊挂角，无迹可寻。

（一）党政名人生妙笔

民国时期，传统花市与春节节庆融合，“行花街”成为一个大众参与的民俗活动。民国五年（1916 年）冬，时任湖南省政务厅长、后来的国共两党元老林伯渠初次到广州，就在除夕游览了双门底花市，写下一首《游花市》流传至今：“初到岭南地，果然天一方。看人除夕晚，争市吊钟芳。店悬三蛇酒，庙烧六祖香。如何能惯习，运会早开张。”该诗以外省人的视角记录了广州民国花市的盛况，表达了对于“行花街”风俗的惊叹和讶异。

新中国成立之后，迎春花市被纳入政府统筹范围，行花街不再只是自发行为，而成为政府支持、媒体推动、百姓参与的社会习俗。各级党政要人常被迎春花市的喜庆祥瑞深深吸引，兴致勃勃地与民众一起融入花潮。有时党和国家领导人也会突然出现在除夕花市上，留下了一些脍炙人口的诗歌。

1954 年至 1960 年，广州市市长朱光带头为花市献诗，写下《望江南·广州好》系列诗词，其中一首曰："广州好，花市百花开。除夕东风花共醉，芬芳盈掬挈春回，曙色破天来。"更有七律一首《花市迎春与全市同乐》："花市流连倦不归，乐同甘苦接春晖。银汉繁星同灼烁，人间灯火自光辉。爆竹声声催晓奏，红梅处处吐芳菲。反复思行江畔路，晨曦已照满城旗。"

20 世纪 50 至 70 年代，党和国家领导人陆续来到广州欢度春节，专门到花市一逛。董必武是为广州迎春花市赋诗最多一位的开国元勋，1958 年董老到广州过春节，写下一首《春节羊城即事》（其二）："百花真个争齐放，越秀山前闹市开。原为新春占吉兆，却从旧例脱凡胎。勤劳大众忙能玩，名贵奇葩购得回。只此足征生活好，前程锦绣复何猜。"一笔荡开万象，当年盛况令人回味无穷。

1959 年的春节前夕，董必武、朱德、林伯渠、郭沫若等领导人结伴同游西湖路花市。一路上他们借诗抒怀，互相唱和，竟成佳话。一代文豪郭沫若首先咏《在广州花市》："金橘满街松满市，牡丹含艳桂含香。墨兰簇簇青锋剑，玫瑰团团白玉堂。爆竹轰鸣声动地，电台播送夜增光。游人手把花成束，迎得春风上面庞。"如椽巨笔，把当时鲜花争妍、香满城街、爆竹声震的场面展露无遗。随后的 2 月 7 日郭沫若把此诗改成七言绝句《游花市》："金橘满街春满市，牡丹含艳桂含香。游人购得花成束，迎得春风入草堂。"

1961 年朱德在广州修剪兰花（广州市越秀区档案局供图）

朱德也迅速点燃诗情，作了《和郭沫若〈春节游广州花市〉》："百花齐放遍城乡，灿烂花光红满堂。更有心花开得好，一年转变万年香。"这首绝句立意高远，含蕴开阔，有"指向上一路，新天下耳目"的气度。

林伯渠的《春节看花市》如实地呈现花市实景："迈街相约看花市，却倚骑楼似画廊；束立盆栽成列队，草株木本斗芬芳。通宵灯火人如织，一派歌声喜欲狂，正是今年风景美，千红万紫报春光。"和

《游花市》相比，少了些许惊异、青涩，多了一些喜悦、狂欢。

董必武读罢林伯渠诗，即写一首《用林老春节看花市题为首句》："春节看花市，今年胜往年。四时百卉备，万众一心连。跃进皆称大，欢娱不羡仙。安排好生产，争取上游先。"由花市而及经济，诗语中满是革命奋起豪情。

1966 年 2 月，京城春寒料峭，一股"山雨欲来风满楼"的紧张气息悄然蔓延。南方却是早春明媚，广州花市照例开办。开国元勋陈毅还兴致勃勃地游逛了羊城花市，兴之所至，诗情大发，一首《广州花市》就这样吟出："去年花市好，不与往年同。今年花更好，为见开门红。华灯照不夜，歌声喜欲狂。人人争买花，忙煞卖花郎。花市过午夜，春浓风更吹。攘攘人百万，个个买花归。来年花更好，建设亦相同。旖旎春如锦，看花人更红。"全诗洋溢着热情如火、花海似潮的浪漫气息。不过，陈毅元帅写下此诗的三个月后，一场浩劫卷土袭来。肆虐的"文革"，让"来年花更好"的美愿瞬时成空，花市作为"四旧"遭到破除，延续 100 多年的行花街民俗被迫中断。

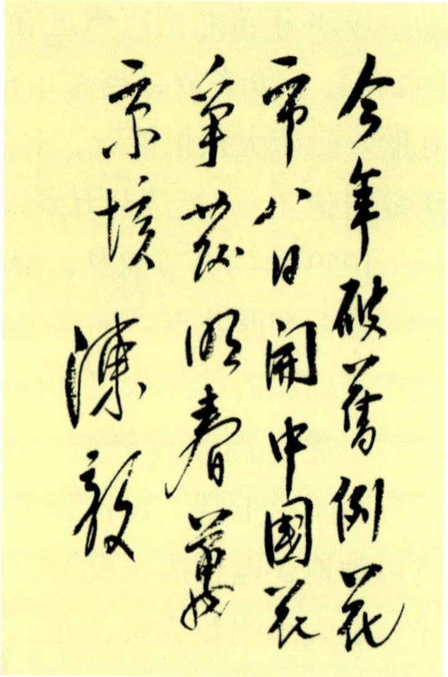

陈毅元帅咏广州花市诗的手迹

（广州市越秀区档案局供图）

1970 年，董必武在羊城过除夕，喜遇叶剑英，又有感于取消迎春花市，怀着复杂情感，挥毫写下《羊城农历除夕喜遇叶剑英》："羊城农历岁月凋，满眼风光兴趣饶。破旧已无花上市，迎新将有艺如潮。曾经绚烂归平淡，不信怀柔与叫嚣。备战相逢岂易得，余生能乐几分宵？"归于平淡的花市，其命运系于人为，令人感伤无限，欷歔不已。

1973 年，广州花市重见天日，市民雀跃不已。这一年春节前夕，董必武再度南行，他选择了人气最旺的西湖路花市行花街。可以想见，这时的董老，一定是笑绽眉宇、面凝春色，才会写下如此舒展的诗篇："除夕在羊城，重临盛会新。四时花似锦，万众面皆春。锣鼓喧霄汉，云霞出海滨。南邻庆胜利，举酒送瘟神。"好一句"举酒送瘟神"，一年一度的迎春花市终得恢复，古老的民俗又焕发出新的气象。

20世纪80至90年代，改革开放使国家的各项事业迈上了发展的快车道，行花街民俗美名远播，受到越来越多的重视。赵朴初、李瑞环、萧克、王汉斌、钱伟长、胡绳、王仁重、赛福鼎、阿沛·阿旺晋美、廖汉生、王恩茂、铁木尔·达瓦买提、荣毅仁、黄华、王丙乾等党和国家领导人都曾游览广州花市，都为迎春花市欣然题诗作词。1986年除夕夜，时任全国政协副主席的赵朴初行花街时，在留言簿上题诗一首："春日在花市，春风笑语哗。不辞万里路，来看四时花。"表达了春满花城、与民同乐的情怀。

各级党政领导集体吟咏花市，堪称广府民俗领域的大事件。他们的花市咏诗携带着个人情感，更记载着一段醇厚严肃的岁月风云，行花街的从容与欢乐、喧嚣与沉寂尽在其中。透过这些真挚动人的诗句，仿佛可以触摸到历史的嬗变、个体生命的气韵。这些涤荡时代气息的诗作，称得上是行花街民俗的完美注脚：全民共享喜庆，欢乐不分等级。

（二）文学大师有佳作

除夕行花街是广府春节气氛最高潮的仪式，令广府"年味"香飘四溢。一代文学大师茅盾、欧阳山、冰心、秦牧怀着赤子之心，与民众心心相印，亲身体验行花街，书写了不少人们耳熟能详的传世美文。

在所有描写迎春花市的作品中，文学大师欧阳山的小说《三家巷》甚为特别。这本出版于1959年的小说，以1925年的广州为背景，专门在"幸福的除夕"一章中描写了1925年的花街盛况："笑语喧声，非常热闹"，周炳和区桃羞涩美丽的爱情，给花市增添了一丝温情、甜蜜、可爱的气息。书中描写恋爱中的两个年轻人"到了花市，那里灯光灿烂，人山

粤剧《三家巷》表现20世纪20年代广州行花街剧照（视频截图）

人海。桃花、吊钟、水仙、腊梅、菊花、剑兰、山茶、芍药，十几条街道的两旁都摆满了。人们只能一个挨着一个走，笑语喧声，非常热闹。周炳看见人多，怕挤坏了区桃，就想拿手搂住她的腰。没想到区桃十分乖巧，她用手把周炳的手背轻轻打了一下，嘴里像相思鸟低声唱着似的说道：‘你坏！’又扭回头对他用天生的、特殊的魅力露齿一笑，就往前跑，一眨眼就像一只野兔钻进稻田里去似的，跑得无影无踪了。在这乱哄哄、人头汹涌的花市里，这大个子周炳显得十分笨拙，他自己也知道，要想钻进人缝当中去追赶区桃，可不是一桩轻便的事儿。他努力向前赶，出了满头大汗。撞了人，赔不是；掉了鞋，拔不起。——闹了多少笑话，可哪有半点影儿！”这一段写活了区桃的乖巧玲珑、周炳的笨拙憨傻，衬托出花市的热闹拥挤和幸福年味，堪称经典。

文学家冰心以关爱儿童、富有童心著称于世。《记广州花市》是她1962年3月11日发表于《北京晚报》的散文，后收入其散文集《拾穗小札》。濡染着“春深如海”的佳节气氛，冰心流露出真诚的喜悦，格外细腻地写到了花市中孩子的欢乐：“我们随着人流涌去，在温暖的阳光下，额上、背上都出了汗，我们一面脱下大衣，一面眼望着台上的缤纷灿烂的繁花，身子却随着人流转移。这时一个孩子向我怀里撞来，他穿着短袖的单衣，赤着脚，一只手里举着一枝鸡冠花，另一手牵着一个黄色的大气球，兴冲冲地只顾往前走。他抬头向我抱歉似的羞涩地微笑了一下，又钻进人群去了。我回头望了他一眼——也只能望一眼，后面的人又催涌上来了。鸡冠花，多么平凡的一种花，也许他手里只带着一两分钱吧，但是他已经买到了春天！我又回头望了一眼，我看见那朵黄色的气球，还在如海的春光和人流上飘荡着……”

另一位岭南文学大师，也就是被喻为文学界“一棵繁花树”的杰出散文家秦牧，他生于广东澄海，长期在广州生活，对一年一度的年宵花市感情深厚，了如指掌，深深体味到“亿万人的欢乐才是大地上真正的欢乐”。秦牧不止一次地在作品中自述：“在广州，每年一度的花市，总是非得去挤一挤流几滴汗不可”，“十一年来我养成了一个癖好，年年都要到花市去挤一挤”。徜徉在人潮涌动的花市里，秦牧敞开心扉，尽情领略吊钟花、桃花、牡丹、水仙等名花异卉的丽姿美态和馥郁芳香，用心聆听着卖花、买花人的欢声笑语和问候交流，从中收获感动、领悟哲理。所以几十年的行花街经历没有给他带来“审美疲劳”，相反每次从花市回来，他感觉“有一种痒痒麻麻的感觉。总想把自己所看到和感受的一切形容出来。对于广州的年宵花市，我就常常有这样的冲动”。于是在涵咏吐纳之间，凭借出神入化的写作技巧，一连创作了《南国花市》（1957 年）、《花市徜徉录》（1961 年）、《花城》（1961 年）、《花街十里一城春》（1978 年）、《花街十里春光美》（1983 年）等散文名作。这些文章属同一题材，却篇篇新意盎然。

《南国花市》是秦牧比较早的花市散文，初步展露出融知识性和抒情性为一体的魅力。1957 年除夕，“热闹景象达到了高潮。这一夜，看花的，买花的，摩肩接踵，一直闹到天亮。几乎全城的大多数人，像乡村人家赶集似的都跑来看花了”。在那个物质和精神都还不饱和的时代，广州花市红火依然，人们觉得“举着一束花、肩着一支吊钟慢慢走回家去是悠闲享福不过的事”。有感于花市的美不胜收、热闹非凡，秦牧情不自禁，咏诗一首：“银夜花街十里长，满城男女鬓衣香。人潮灯下浑如醉，争看春秾初上妆！”

在秦牧的《花市徜徉录》一文中，1961 年“春节前夜的广州花市，仍然教人格外陶醉”，这篇散文对“花的美学”着墨较多，理性思考味道颇浓：“花市的模样儿，可真说得上是‘现实主义与浪漫主义的结合’。就像潮水有小潮大潮一样，‘花信’也有小潮大潮。而这个花市呢，简直就是人想起了‘满潮’。到花市里去挤呀挤呀，看那‘花光十里’的气派，使人想起许多事情。”全文更看重精神意义上的收获，比如撩起一种对民族生活的深厚情感，想到人类改造自然的巨大威力，想到各地劳动人民共同创造历史文明的丰功伟绩。

秦牧散文集《花城》，作家出版社 1964 年版（谢中元摄）

秦牧写花市最著名的当属《花城》，此文于 1961 年 2 月写就，之后在全国迅速传开，“花城”逐步成为广州的代名词。此文出世之前，广州还无“花城”一说，应该说是《花城》赋予了广州一个响亮的美名——“花

城”，后来的“美在花城”比赛、花城出版社等也都取意于此。其文重点描绘了花市花海如涌的情景：“灯色花光，一片锦绣。我约略估计了一下花的种类，今年总在一百种上下。望着那一片花海，端详着那发着香气、轻轻颤动和舒展着叶芽和花瓣的植物中的珍品，你会禁不住赞叹，人们选择和布置这么一个场面来作为迎春的高潮，真是匠心独运！买了花的人把花木举在头上，把盆花托在肩上，那人流仿佛又变成了一道奇特的花流。南国的人们也真懂得欣赏这些春天的使者。”

1978 年写成的《花街十里一城春》，延续了以往的描述风格，写到除夕花市“银灯高照，人流滚滚，夹着笑语喧声，涌入花市彩门。这个夜里，平素害怕拥挤的人也不怕拥挤了，往常夜里足不出户的人也来逛花市了。百数十万人，像赶集似的，熙熙攘攘，摩肩接踵，争着赏花买花，也可以说是情趣盎然了”。为对 20 年前的诗情做一个呼应，他以“香街十里一城春，笑语喧声入彩门。疑是层峦采蜜使，幻成百万看花人”结尾。

1983 年秦牧又一次逛了花街，写下了《花街十里春光美》：“十里花街，嘿，真个名不虚传！计算起来，实际上还要超过十里呢！花市空前盛大，牌楼也就比任何年头都搭得更多了。”

秦牧 20 多年来坚持行花街，一直没有间断，还用生花妙笔写下系列美文。他的系列散文饱含着对岭南的深厚情感和对劳动人民的热爱，感动了一代代读者。他用文字记录迎春花市的传承与发展，对人们了解迎春花市的历史、感受行花街的盛况带来了莫大的帮助。

（三）名家文艺赠花街

现当代的十里花街，不是孤芳偏安一隅的自赏，而是大众共享春天的快乐。不管是广东人还是外省客，只要走进花街，与花相伴，躁动的内心顿时变得不疏不缓，淡定自如，俯仰之间都是艺术。

真诗乃在花市。南粤诗人张采庵就写得饶有趣味，且看《除夕花市》：“多宝街中花市闹，逢源路上搭楼台。众香成海狂欢夜，春意先从眉眼来。”细节入手、见微知著的功夫丝毫不让大师笔墨。再看《一丛花·除夕花市》：“匆匆花市送流年，灯火夜游天。红边紫外完狂想，谢花浓催唤春还。古艳新香，夭桃秾药，当封互便娟。卖花声豆市声喧，争掷沈郎钱。春心早与东风约，愿芳时从此婵焉。珠陌纵歌，珍丛欹帽，花莫也相倚。”

花市如画，一时多少墨客为之折腰。他们的诗文就像夜空中的繁星，让大众花市散发出独特的清雅光辉。20 世纪 60 年代，作家田间、严文井、杜宣、周瘦鹃，京剧、昆曲表演艺术家余振飞、画家宗其香等相继在广州行花街。他们的心扉同样被除夕花市叩击，且都以生花之笔，留下珍贵的记忆。1962 年 2 月，被称为“笔底生灵皆有态，人间爱恨尽成诗”的剧作家、散文家杜宣，边行花街边吟诗：“冲寒冒冻出幽燕，飞度云山路几千。信是岭南花讯早，碧桃如醉压街前。”京剧、昆曲表演艺术家俞振飞行完花街之后，喜悦之情溢于诗作：“千花百草盈花市，姹紫嫣红尽集中。国运年年无限好，喜看大地展春风。”现代作家、园艺家周瘦鹃 1961 年来广州过春节，第一天晚上看过花市，以为犹多余恋，第二天白昼又呼朋唤侣，重逛花市，并且专写诗和俞振飞：“频年梦寐萦花市，此日浑疑入画中。愿祝东风齐着力，十分春色十分浓。”酬唱之后，他兴味仍浓，又写了一篇诙谐幽默的《迎春时节在羊城》。

改革开放后的十里花街，显得格外有魅力。当代岭南文化名人、中山大学博导黄天骥教授在 1979 年除夕，写了歌行体《花市行》（收入《俯仰集》）。全诗 476 字，气象壮观。从“灯下买花香惹鬓，春到枝头已十分”的浪漫场景，写到“珠球蟹爪间金鳞，藕白飞黄缀肥绿”的各色花品，笔法中素描实录，泼墨写意，行云流水，写尽花街风情。带着改革开放之初的风发意气。整诗以“春宵乍觉彩云开，仿佛花魂喜满腮，如许春花来不易，寄语东风着意栽”结尾，寄寓着对新生活的美好企盼。

更为有趣的是，1985 年 2 月 15 日（农历腊月二十七）夜晚广州部分诗人、画家、书法家到海珠区滨江路花市游览。在花团锦簇、游人如织的花市上，诗人芦荻、刘逸生、关振东、潘佛章、谢健弘等当场联句，填成一阕《虞美人》：“年年花市花团秀，深夜灯如昼。滨江满路看花人，到处千红万紫总成春。今宵多少游人醉，共迓金牛岁。枝枝叶叶沐东风，都道今年花胜去年红。”诗人们集体的心声是如此的一致。

这个名单无法尽列，有时任广州市党政领导的朱森林、许士杰、张汉青、邬梦兆等，还有本土作家丘帆、关振东、韦丘、丁明、紫风

（秦牧夫人）、余藻华、李畅友、万颂颐、孙幼明、冯达辉、潘广庆、黄棠、罗冠群、余雪琴、李文锦、黄爱东西等，他们都曾满怀激情，汇入人流，漫游花街，写下了令人沉醉的绝词妙句。

艺术来源于生活，又高于生活。除了诗歌之外，书、画、曲等各届名家耆宿不约而同，体验花街，表现花街，用不同形式的艺术作品记录这个人人畅享的民俗盛会。

不少以花市为题材的画作已成经典，比如岭南画派大师关山月曾为朱光《望江南·广州好》作过一幅配画。这幅影影绰绰的花市素描笔墨简洁，层次有致，从中可以感受到酣畅热烈的花街气氛。另一位岭南画派大师方人定有两幅作品《花市灯如昼》（1956 年）、《花市前夕》（1957 年），分别从侧面、局部表现花市的美好、温馨和浪漫。全景式描绘行花街盛况的画作较多。徐悲鸿弟子、原中央美术学院教授宗其香曾于 1962 年行完花街后，在《羊城晚报》上发表了一幅长轴画，其他的像周波的国画《迎春花会》，古宝添、梁荣新的国画《春江花月迎新年》，潘志国的国画《牛年海珠花市》、《春歌》，黄堃源的油画《花市》，曾钺的漫画《永汉路花市》，赵晓苏的漫画《花市》等，都属于描绘吉庆花市、民众迎春的佳作。

画家关山月的花市速写

（广州市越秀区档案局供图）

方人定的《花市灯如昼》

（1956 年）

书法同样能表达行花街的酣畅感受。一代国学大师朱师辙于 1948 年作的游花市行书横幅，书法家秦咢生的行书作品《陈毅同志广州花市诗》，都值得一览。广州海珠区花市凭着无敌的江景，吸引了不少书法家，书法家也乐意留下墨宝，像刘逸生的行书作品《罗岗梅花诗》、杨和明 1979 年的草书作品《录董必武诗》、黄子厚 1978 年的行草作品《录朱光诗》、梁锦英的行草作品《录郭沫若诗》、曾锦充的行书《春城世界永飞花》，都是为海珠区花市而写的浓情之作。

德国著名音乐家罗伯特·舒曼说：“照明人类心灵的深处，乃是艺术家的责任。是通过艺术手段把人物内心世界揭示出来，从而使人寄物抒怀，引发美感，达到陶冶性情、激励意志的目的。”高胡艺术宗师刘天一的高胡齐奏曲《花市迎春》、高胡《迎春花市》，著名音乐家陆仲任、“高胡圣手”甘尚时合作的《花市漫步》，就能达到这样的效果，故而成为过年期间广州街巷常播常听的名曲。

花市与粤曲，堪称两朵“岭南奇葩”，粤曲小调《花市》是两者“并蒂开花”的宁馨儿。这首小调以陈毅 1966 年创作的诗词作品《广州花市》为脚本，由粤乐大师黄继谋、粤剧艺术大师红线女谱曲，曲调鲜明、直率、疏放、潇洒，既有广东地方风韵，又具备时代气息，因此被搬到了 1985 年中央电视台春节联欢晚会上，由红线女演唱，一举倾倒不少观众，成为当年舞台上富有特色的节目。

红线女演绎粤曲小调《花市》（视频截图）

广府民众之福何止这些，越来越多的粤曲、流行曲，用充沛的情感、深挚动人的旋律表现迎春花市，唱出了行花街的百花吐艳、华灯辉煌、欢声笑语、群情飞扬。而听者往往心旷神怡，回味无穷，获得丰富隽永的美好享受。比如：粤曲《花市》（郑少秋演唱），粤曲小调《花市迎春》（调寄《娱乐升平》、周自涛填词、李池湘演唱），粤曲《大年三十多乐趣》（李淑勤演唱），粤曲《游花市》（廖绮演唱），粤曲《喜迎春》（李丹红演唱、蔡衍棻填词），粤曲《行花街》（黄少梅演唱、刘汉鼎填词），粤曲《新春真热闹》（曹秀琴演唱、潘邦榛填词），《行花街》（饶岚演唱、刘志文填词、刘兴文谱曲），粤曲《行花街》（文千岁、梁少芯演唱），粤语歌曲《花城曲》（饶岚演唱），粤曲小调《花街》（梁玉嵘演唱、蔡衍棻填词），粤语流行曲《行花街》（东山少爷演唱），粤语歌曲《畅游花街》（改自网络流行曲《两只蝴蝶》）。这些歌曲里面的配器融合了更多的现代元素，听来更加欢快、更加喜庆。

随着迎春花市的影响越来越大，一些以花市为题材的普通话歌曲也陆续产生。像《咏花市》（郑秋枫谱曲、邬梦兆填词），民歌《兄妹逛花市》（于文华、汤灿、蒋大为演唱），《花开富贵满华堂》（龙飘飘演唱），《赶花街》（阿佳演唱），都是深受人们喜爱的流行金曲。

千年花事，那是一幅风情浓郁的岭南山水画，成就了广州“花城”的美誉；百年花市，一轴独树一帜的人文长卷，在不知不觉间滋养了经典不衰的文艺奇葩，让人边行花街，边体味文化艺术的芬芳。

九、民俗遗产待传承

——迎春花市的发展之思

走过百岁的花市，融进广府大地的浓郁乡情，一如既往地向世人昭示春天的风华、新年的韵律，它不光是生活的缩影、历史的折射，还以开放化、平民化的姿态吐故纳新。如今，迎春花市携带着广府人的勇气和敏锐，散发出人文广府的独特光辉，成为一张响亮的城市名片、一份厚重的非物质文化遗产。

花到岭南无月令，人到花街无分别。行花街，行大运，这个魅力非凡的民俗，用一根无形的线将四面八方的民众、天南海北的花卉聚集一处，制造出过年的狂欢。四季在轮回，花市在传承，变与不变之间如何将这份遗产馈赠给后世呢？要有“花”，有“街”，更重要的是有一颗热爱生命、享受生活的心。

（一）老区花市遭遇生存尴尬

2005 年 11 月 15 日，广州越秀区政府召开 2006 年迎春花市工作会议。会议对外宣布一个重大消息：由于广州行政区划大调整，原越秀区和原东山区合并组成新“越秀”区，按照一区一花市的惯例，2006 年的越秀区迎春花市将定址原东山区花市所在地——大沙头三马路。这个行政决定意味着越秀西湖路花市将面临或搬迁或撤销的命运。

此消息立即引起了社会各界的关注。市人大代表、新闻工作者徐若清连夜起草了一份《关于保留西湖路花市的紧急建议》提交给广州市人大，要求有关部门能够“收回成命”，叫停撤销西湖路花市的行政决定。他提出的理由是：春节逛花市已成很多家庭传统，新老广州人对西湖路花市都情有独钟，此外西湖路花市是广州的一张文化品

牌，在外地人心中也有较大影响，如果花市撤销或搬迁，留在那里的老广州的记忆也会一起消失。媒体随即对此事进行跟踪，《羊城晚报》等报纸连续多日以大篇幅对事件展开讨论，一时间，不解、留恋、慨叹、惋惜的情绪铺天盖地，席卷了报纸、电视、网络。

政府之所以作出撤销西湖路花市的决定，是有原因的。首要一条是教育路、西湖路路面比较狭窄，但人流量太多，如2005年的西湖路花市人流量共有123万人次，最多的一天人流量高达50万人次，花市里面的人只能往一个方向走，其安全隐患、火灾隐患令人担忧。此外，这一地段属于商业繁华地段，周围有大量的商铺和商场，不但人流量很难控制，周边的交通也存在很大的压力。还有一些原因，如花市面临着经济亏损的局面；花市严格的时间性规定也给花卉经营者带来了一定的经济风险；花市每年要耗费大量的人力、物力、财力，抽调一两万名人员参加营造和组织管理工作，对各方面都是一个不小的负担，等等。

这些“问题”是否是真问题？是否可以克服？这些“问题”的解决是否需要以撤销一个老牌花市为代价？很多网友都发表了自己的看法，在此择录一二。

有网友在网上留言说：“有关方面也许是出于好意，想为市民创造一个更宽敞、更安全的节日环境，这可以理解。但是在作出搬往大沙头的决定时（大沙头本来就是原东山花市），是否应考虑一下老广的花市情结呢？毕竟说起老花市，很多人会不由自主地想到是西湖路这个中心花市，而最能承载广州花市历史和文化的也是西湖路花市。花市搬迁了，那一段历史终结了，一个传统的花市品牌消失了，可是谁又能忍心舍弃那割不断的花市情呢！”

还有网友说：“搬迁越秀花市，我们可以列出千万种理由，什么道路交通原因，什么消防原因，以及由此产生的管理成本等，这不无道理。但是，社会管理要付出成本，传承文化也需要付出成本。其实越秀花市无论搬到哪儿，都同样存在交通问题、消防问题以及管理成本问题，如果从这种角度去看问题，那么许多公益活动就一定不能搞了，花市这一延续了几百年的文化传统，在不久的将来只能在尘封的书报中觅得片言只句！”

家住北京南路的王女士很不同意取消：“我是看着花市长大的，

撤了花市没法适应。”住在惠福西路的小廖，家人每年必逛西湖路花市：“撤销花市势必影响到越秀区居民过春节的心情，叫卖声、广播声在我们听来根本不是纷扰，是节日气氛的体现。”有更多市民发出自己的心声：“之所以喜欢这个花市除了它够味、够有代表性、最有人气外，还因它靠近北京路商圈，一家人一般走一两条花市意思一下，就会去北京路了。剥离了西湖路的越秀花市，优势不再。”

好在新越秀区政府十分重视市民的呼声，专门召开闭门会议商讨西湖路花市的去留问题。最终在时隔半个月后的12月1日，越秀区政府正式对外宣布：保留2006年的西湖路中心花市！时任越秀区区长的贡儿珍表态说：“迎春花市属于广州全体市民，对于传统的民俗文化，政府要高度地尊重，并在保留传统元素的同时，引导其顺应时代创新发展。”顺应民心，收回了“成命”，保住了这个自1956年就开始举办的、广州历史最悠久的且已形成了独特文化品牌的花市。政府相关部门还随即商讨制定了解决问题的方案。如对西湖路花市档位采取全新布局，在花市内设置足够的消防通道，加强花市档位和治安、消防、交通的管理，采取严密措施保障花市的安全等。广州人对迎春花市传统的保护和传承，政府和民意的互动以及从善如流，由此可见一斑。

2011年除夕夜越秀区西湖路花市的行花街盛况（谢中元摄）

回顾这件事，是为了更清楚地看到老区迎春花市发展面临的问题与处境。与此极类似但结果不同的是2007年佛山禅城区普澜花市的迁址事件。

禅城区普澜路花市是2001年以后佛山的中心花市，随着近年来人流量逐年上升，普澜二路作为中心花市的各种问题变得突出。主要问题仍然是道路狭窄、路面交通状况拥挤、停车困难，加上人流密集、没有足够通道，一旦出现消防安全事故，人群难以及时疏散。此外，该路段能摆放的铺位是900个左右，满足不了花市的规模化发展和租户承租的需求。禅城区政府反复权衡考虑后作出决定：从2007年开始，撤销普澜二路中心花市，中心花市迁往文华路。相对于广州的西湖路花市来说，普澜路花市没能改变被撤销的命运。普澜路花市搬到文华路，自然不能再叫普澜路花市了，难免有人欢喜有人忧。

客观地看，文华路作为佛山禅城区中心花市选址，有利有弊。文华路面宽阔、活动空间大，交通、安全等的压力较小。但花市处于季华路口至绿景路口路段，离老城区较远，虽有免费接驳巴士，但公共交通设施明显不足。路边没有树，灯饰的悬挂成为问题，少了灯，少了人，花也就少了，年味自然就淡了。虽然政府在配套设施、活动方面花费了很多心力，比如举办多项文化活动，请财神现场派发万封利市，竭力活跃气氛、凝聚人气，但文华路花市举办的第一年，也就是2008年，还是遭遇了近200多个档位流拍的尴尬。不少花农、花商们对新址没有信心，一位贺姓花农甚至表示：“禅城区花街设在新城区好像设在了‘孤岛’。”

2009年1月23日，《羊城晚报》地方版以“禅城花卉区今年成了花市配角”为题报道了文华路花市“不旺”的景象，精品档位多过花市档位，“难得听到叫卖，有的店铺连灯都懒得开，至少有一成铺位没有租出去”。有佛山网民将此文贴在佛山各大门户讨论区进行讨论，引起极大反响，市民们对花市“是否需回迁老城区”的讨论便像放鞭炮一样，一串串地抛向网络。

根据佛山本土“C2000”和“天天新”两大门户网站网民发帖量统计，表示希望花市回迁老城区的网民占全部参与讨论网友人数的92.7%。更有网友翻出2006年广州市曾打算将越秀区西湖路中心花市搬迁的事例，与现在佛山禅城花市搬迁相比较，表达出回迁花市的强

2005年佛山禅城区普澜路上的迎春花市

（佛山本土二千龙社区20050517供图）

烈愿望。

佛山市民怀念普澜二路花市，一方面是因为新城区花市行花街的不方便，更多的是对承载了他们记忆的普澜二路花市怀有一种情感上的依恋。在普澜路举办的迎春花市地点非常能体现佛山的传统文化，市民可以在吃完年夜饭以后逛祖庙，再逛花街，热闹而有氛围。至2011年，文华路已经连续四年作为佛山市中心花市选址，政府亦表示暂不考虑回迁。政府期待大家多点耐性给文华路花市，毕竟新城区正在发展，那里迟早会旺起来，配套设施也会趋于完善。

广州、佛山的老区花市迁址风波算是告一段落了，但是这样的困境尘埃未定，可能还会发生在其他地方的花市上。广府人对迎春花市的热情，对于传统花街的看重和留恋，在两大花市迁址的讨论中体现得淋漓尽致。行花街、祈好运成了广府民众的“集体无意识”，人们在情感上不太容易接受改变。

花街，顾名思义，要设在长长的“街”上。老城区马路上的“街市型”花市，最有历史积淀，最有传统味道，最具有原生态风格。但任何事物都有发展的过程，城市越来越拥挤，人口越来越多，花市规模也越来越大。道路不宽、场地狭小的老城区花市，渐渐无法满足需求，停车难、管理难、疏散难等一系列问题摆在了花市面前。要安全，还是要人气，怎样平衡两者的问题？我们认为：要么继续保留老城区花市，呵护好传统，付出翻倍的成本；要么去新城区、新区域寻找更宽敞的路段，忍受暂时的落寞，慢慢积淀传统、凝聚人气。不管作出哪一种选择，没有好坏之分，只有合适、不合适之别。正如俗话所说：“一枝独秀不是春，万花齐放春满园”，花市不能仅有一个类型。给老区花市多一点空间，给新区花市多一点宽容，迎春花市永远是广府人心中抹不掉、离不开的新春庆典。

（二）迎春花市与“非遗”保护

从2003年开始，我国在全国范围实施大规模的民族民间文化保护工程。2004年，我国正式加入世界《保护非物质文化遗产公约》。2005年3月，又发布了《关于加强我国非物质文化遗产保护工作的意见》。一轮关于非物质文化遗产申报、保护的热潮在全国各地兴起，那些散落民间、被人遗忘的非物质文化遗产浮出水面。

所谓非物质文化遗产，指各族人民世代相承的、与群众生活密切相关的各种传统文化表现形式（如民间文学、民俗活动、表演艺术、传统知识和技能，以及与之相关的器具、实物、手工制品等）和文化空间（即定期举行传统文化活动或集中展现传统文化表现形式的场所，如歌圩、庙会、传统节日庆典等）。

民俗，就是民间风俗，即一个国家或民族中广大民众所创造、享用和传承的生活文化。它起源于人类社会群体生活的需要，在特定的民族、时代和地域中不断形成、扩大和演变，约定俗成，世代积累，能长久地为民众的日常生活服务。依照这个定义，迎春花市是广府民俗的精华代表。

万兆泉的雕塑作品《新年大吉》呈现了广州人逛花市的盛况（广州市越秀区档案局供图）

申报非物质文化遗产，是保护、活化民俗节庆文化的一个步骤。2007年6月，广府地区最有代表性的花市——广州迎春花市作为民俗（X）类，入选广东省第二批省级非物质文化遗产名录，迈出了可喜的一步。在众人期待下，2008年广州迎春花市申报了国家级非物质文化遗产，遗憾的是，没有出现在第二批国家级非物质文化遗产名录中，不少人对这一结果深表感伤。落选“国字号”非遗失败后，很多人都从寻找失败原因的立场对迎春花市进行了诸多“批评”。综观这些“批评”，自然能暴露“问题”，深化我们的反思，但很多“批评”却未能做到客观公正，也未能落到关键之处，不能不为之一辩。

有人认为：迎春花市只是一个年宵花买卖的商业集市、街市，充满着商业交易的金钱味，没有文化味。这一说法是对迎春花市的误读，有模糊人们的认知之嫌。最初的迎春花市确实因商业而生，是一个卖花的市场，不能否认这个胎记与生俱来并伴随它成长。但经历百余年的变迁，人们慢慢形成过年行花街这样一个具有浓郁岭南特色的习俗。它没有停留在商业阶段，而是已臻于文化的境界。如今，每年各地政府投入大量的资金、人力、物力举办迎春花市，基本上都在贴钱亏本，没有经济利益的回报。每次出现取消或限制花市的异议时政府都明确表态坚持举办，考虑的是群众满不满意、气氛热不热闹，顺应的是广大市民的意愿。再说，多年来人们都有一个共识，花市里花档不赚钱，或者说赚得要少于工艺品档，但是每年花档仍然占多数席位，花农争先恐后地竞标，图的无非也是快乐和喜庆。此外，广府大地，花开四季，到处都能买花，过年前家家户户大多将大件的盆花搬回了家，似乎没有必要再办一个迎春花市。但除夕夜的花市上，人人争先恐后地举着轻便的花枝、风车，汇成了流动的花卉海洋。人们行花街的重心在于祈福迎春，不在鲜花买卖，纯粹是一个象征性仪式。迎春花市越变越大，不是商业的成熟，而是文化的沉积。

还有的人说：迎春花市历史悠久，花语内涵也很丰富，但是表现的是广府人讲意头、求好运、为发财的愿望，显得俗气，欠缺风雅。这一观点是典型的“北方中心主义”。一方水土养一方人，每个地区都有属于自己的独特气质和文化记忆，都是中华文化根脉的一部分，不存在孰优孰劣的问题。广府地区以珠江三角洲为核心，得山川灵秀之滋养，经海外风情之熏染，历千年风雨鸡鸣，由南蛮之地，到对外商贸之都，再到革命起源地，又发展为现代化经济中心。不断改变着的现实让这片土地上的人们在岁月的摩挲中酝酿出独特的文化风貌——重商趋利、具有市井味、平和务实、开放兼容……这些无不渗透到迎春花市当中，化成行花街民俗的精神内核。广府人的年宵花灿烂成堆，姹紫嫣红，挤在一起，繁花似锦，属于人们日常生活的平常物，不是奢侈品。千花竞艳的堆叠簇拥之姿，本身也在消解着精致和纤巧，张扬着自由开放的激情。广府人对大吉大利的祈望，坦坦荡荡，实实在在，这是不同于小资情调的美丽——世俗的艳丽。不能因此而否定民俗本身。

也有人疑虑重重：如今全国各地、海外华人聚居地都在春节前举办了迎春花市，迎春花市不再是广府地区的专利，是不是有点千篇一律、千市一面？广府迎春花市的特色在哪里？先不要急着下判断。的确，广州又名“花城”，春节前举办迎春花市一直以来是广府各城市的专利。腊月时节的北方，雪飘大地，朔风如刀，万物凋零，娇嫩之花少能扛得住如此长期、极端的严寒。但是，近年来随着温室技术的普及、物流水平的提高，北京、天津、河北、辽宁、黑龙江、山东、山西等地也开始举办迎春花市，岭南一带的各种年宵花也穿越五岭，开始在岭北各地展露芳容，如1996年，北京花商从广东引进一批年宵花，使鲜艳的花朵首次出现在冰天雪地的北方。南花北开，北方也有了迎春花市，的确对南方迎春花市提出了挑战。

但仔细想来，南北方的迎春花市表面上相似，实质上却有着极大的不同，最关键的一点在于民俗的差异。作为南方迎春花市的文化灵魂的“行花街”民俗，在北方受制于各种条件仍是可望而不可即。北方的迎春花市，受低温影响，一般春节前两周就得收市，更不用说办到除夕夜了。2011年山东济南的首届迎春花市时间算是很长的，从1月16日办到2月1日，正好在除夕前一天结束。相比较之下，广府地区，迎春花市最早产生，论及花市历史之悠久、与春节关系之紧密、除夕夜行花街之流行、花语内涵之丰富、赏花风气之普及、花卉品种之多样、参与人数之庞大，广府地区是独占鳌头的，没有任何一个区域能与之相提并论，这就是特色。除夕夜那百万民众行花街、买花赏花喜过年的景象，不可能在北方的迎春花市上出现，各地能复制迎春花市，却无法照搬文化，这个文化就是全民行花街的文化。

充满欢乐的花市（谢中元摄）

更有看法认为：迎春花市每年盛况空前，它不属于濒危“遗产”的范围，不需要列入“非遗”进行保护。非也！春节生命力旺盛，同样入围了“非遗”。再说，盛况空前，只是说明延续了以往的规模，不代表它没有继续提升的空间。2007年《迎春花市的广东省级非物质文化遗产名录项目申报书》说得中肯：“与传统迎春花市相比较，现在的花市也有了一定的变化。一方面，花市的规模越来越大，花卉品种也越来越丰富；另一方面，花市的传统韵味有淡化的趋势，在花市期间，有大量的非花卉的摆卖摊档，虽然扩大了花市的规模，但在一定程度上冲淡了花市的传统气氛。”这已经讲得十分明白，工艺品档多了，花档少了；演艺活动多了，花街特色淡了；花市内容杂了，花文化单薄了等。传统味在悄然耗散，这些一旦泛滥成主流现象，就会“谋杀”人们春节前行花街的兴趣和欲望，最坏的结果就是“濒危”，不能等到彻底“濒危”了再来申报“非遗”吧，那时将为时已晚。

在批评与反思中，我们有理由坚信迎春花市的非物质文化遗产身份，但也要认识到申报“非遗”并不是迎春花市举办的目的。申报“非遗”只是一种手段，一种形式，是为了更好地唤起人们保护地域民俗文化的意识，促使更多人发掘、收集、整理、保护、研究迎春花市，使“行花街”这一民俗更好地传承发展下去，带给人们更多的过年喜庆。

（三）流动的花街，发展的民俗

作为名副其实的非物质文化遗产，迎春花市既有物质层面又有精神层面，两者水乳交融，不可分割。花卉、牌楼、棚架、十里长街等都是多年来迎春花市形成的固定元素，少了这些物质载体，人们自然没有了行花街的去处。而世世代代的广府人在逛迎春花市过程中表现出来的祈福心理、民俗观念、情感认同，是迎春花市成为非物质文化遗产的主要缘由，它们给迎春花市注入了广府文化精神，涂上了地域文化色彩，让花市成为一个迎春纳福的盛会。“行花街”是迎春花市的核心民俗仪式，由广府全民代代传承，是无形的文化，有浓郁地方特色。

现在人们提得最多的，往往是要保护迎春花市，用来申报非物质文化遗产的也是“迎春花市”。迎春花市年年由政府部门举办，没有显示出任何的衰颓之势，一届比一届盛大，一年比一年兴旺。耐人寻味的现象不可避免地出现了：虽然迎春花市越来越多，越来越大，越来越新，市民对“行花街”传统的隐隐担忧却在各类媒体上弥漫开来。其实早期的迎春花市，简陋而灰暗，花不丰富，灯也不靓，没有其他喧闹的活动，但这时的花街充满了吉祥人气和祥瑞喜气，广府人在除夕夜走一走花街，悠然乐然，心满意足。后来洋花进来，牌楼更加华丽了，马路也变宽了，各种与花无关的商品、活动也随之涌进花市。借着涌动的商潮、飞跃的经济，迎春花市是发展了，行花街的传统却变淡了。

以此反观迎春花市落选国家级“非遗”事件，最根本的原因，恐怕就是迎春花市在商业和创新之路上变化太大，淡化了一代代广府人在行花街中积淀的传统气息和文化味。究竟怎样的发展，才是真正的保护和传承?

第一，有商业，不能遗失文化。虽然迎春花市身上披着的“集市”外衣而显得格外耀眼，但花市绝不纯粹是花农卖花、市民买花的商业行为，而是一个“商业搭台、文化唱戏”双赢的民俗活动。广府人的“花意头”情结深厚，花街以“花”为主角，这是迎春花市延续百年的重要原因所在。

在经济利益的驱动下，花很容易被其他赚钱的商品喧宾夺主。广州并区前五六年就发生过这个现象，当时工艺品赚钱，广州中心花市超过四成是摆卖工艺品，市民觉得工艺品的商业味太浓，政府后来采纳民意，有意控制，并作出规定，不能超过30%，现在基本回落至20%左右，保持了花市“主要卖花”的味道。2009年，佛山文华路的迎春花市有花卉类的摊位460个，精品年货摊位470个，这已经是经过慎重平衡的结果了。据《羊城晚报》报道，一位网民很失望，在网上表示本想买桃花的他走遍花街只找到一家，令他“今年想走桃花运的愿望也落空”，并调侃道“这条花街干脆改名字叫风车街或者杂货街好了”。

这也引出了每年花市举办方头疼的问题：文化味太浓、商业味太淡，激不起花农花商参与的热情；商业味太浓、文化味太淡，也易被市民诟病为不够内涵。两难之间，实难取舍。其实行花街就三个字：行，是过年的仪式；花，是花市的主角；街，是传统的马路。人们穿行十里花街，凑凑热闹，为的是迎春祈福，在身心上获得嗅觉（花香）、听觉（笑语喧声）、视觉（靓花、彩楼、灯饰）的多重洗礼。所以花街不能少了花，没有花就少了灵魂，市民是不大会接受的。各地花市在设置摊档的时候，就要限制非花卉类摊档的数量，以保证花市年宵花为主角的地位。另外，尽可能地保护好传统花街的特色，为老城区的迎春花市提供生存空间。这样，文化味才不至于流失殆尽。

第二，要创新，不能偏离传统。联合国教科文组织在《保护非物质文化遗产公约》中，对包括“社会风俗、礼仪、节庆”的传承定义是：“各个群体和团体随着其所处环境、与自然界的相互关系和历史的条件的变化，不断使这种代代相传的非物质文化遗产得到创新，同时使他们自己具有一种认同感和历史感，从而促进了文化多样性和人类的创造力。”可见，在传统的基础上创新，进而传承好这项广府民俗，是每一个广府人义不容辞的责任。

广府一带经历过历史上几次大规模的中原移民潮，又是中西文化交通的要道，天南地北，本土的、中原的、西方的，汇聚到这里，碰撞融合，使广府地区的文化形成了强烈的开放兼容特质。这种特质渗透到日常生活中，他们一方面追求西方物质文明，另一方面又不忘本土文化；一面在咖啡厅里享受西式美点，一面悠闲步入粤曲、粤剧茶座；一面在卡拉 OK 歌舞厅欢度春节，一面大年三十举家行花街。广府人能继承传统，善于大胆创新，这种开放包容的心态对传承迎春花市是极为有利的。比如 2000 年以前花市上有一个不成文的风俗，花市结束，花农必须把售不出去的花砸烂。2000 年，越秀区花市倡议把卖不出去的花送给孤寡老人，让沿袭了多年的除夕夜过后摔花砸花的陋习戛然而止，此“护花活动”经青年志愿者推广，后来传递到了其他所有花市。传统一经创新阳光的照耀，便闪烁出礼仪、仁爱的夺目光芒。

对于传统花市而言，锐意创新的呼声从未停歇。太过传统，迎春花市无法与时俱进；太过创新，又无法避免失去花街味道。在如此两难的境遇中，广府迎春花市举办者一直在摸索中探讨两者的平衡点。举办者每年想尽办法，支出奇招，如举办各种活动来提高花市的人气，改变它古老的面貌。比如把民间工艺制作、花车巡游、粤剧会演、龙狮大赛、木版年画等非物质文化遗产引进花市，这种用心呵护传统的创新赢得了普遍的欢迎。另外就是在花市上举办各类产品促销、旅游推介、党政宣传等活动，这些活动如果适当点染，不影响人们行花街的兴致，倒不失为一种特色，但一些花市大张旗鼓地引入各种宣传活动，使花市充满了商贸味、党政味，就有了喧宾夺主的嫌疑。长此以往，人们行的就不是花街，而是宣传阵地了，这是人们不愿意看到的创新。一言以蔽之，创新不能丢弃传统，不能偏离人们的情感认同和文化认同。

行花街，作为一场充满文化魅力的民俗盛宴，弥久愈香，芳醇醉人，早已深入人心。它又如一瓶陈年好酒，缓缓飘出醇美的芬芳。在传统与创新间游走也好，在商业与文化中踟蹰也罢，花街是流动的花街，民俗也是发展的民俗。花市在不断演进，拜年习俗代代不同，年宵花种年年翻新，十里花街趋时变奏，但广府人行花街的心理文化内涵从没有变更过——祈福、迎春、祝颂、转运、求财。这个根脉犹如一根红线，把广府大地上几千万的民众串联在一起。盈盈春风醉人面，悦悦欢歌贺升平。人们欢天喜地地行花街，融入万民同乐的除夕之夜，欣赏千花百卉的娇姿媚态，领略“彩缕穿花”的本土风情，品味美轮美奂的牌楼风景，感受香风十里的纷繁热闹。也许对于千千万万民众而言，行花街就是凑个热闹、赶个人气，愉悦一下自己，放松一下心情，简简单单，爽爽快快，但这里面寄寓着的不正是人们对新年吉祥的期待？不正是广府人热爱生命、享受生活的共同表现吗？

参考文献

1. （清）屈大均. 广东新语. 北京：中华书局，1985
2. （唐）刘恂. 岭表录异. 广州：广东人民出版社，1983
3. （宋）周去非. 岭外代答. 上海：上海远东出版社，1996
4. 汪宗准，冼宝干. 佛山忠义乡志. 民国十二年（1923 年）
5. 广州市档案局等. 春来南国花如绣——广州迎春花市. 广州：广州出版社，2010
6. 冯沛祖. 春满花城——广州迎春花市. 广州：广东教育出版社，2009
7. 孙卫明. 千年花事. 广州：羊城晚报出版社，2009
8. 陈泽泓. 广府文化. 广州：广东人民出版社，2007
9. 秦牧. 花街十里：秦牧散文精选. 深圳：海天出版社，2001
10. 叶春生. 岭南民间文化. 广州：广东高等教育出版社，2000